今に生きる不昧

―没後200年記念―

不昧没後200年によせて

雲州松平家15代当主　松平　直壽

２０１８年は松江松平藩7代藩主・松平治郷（号・不昧）の没後２００年に当たります。それを記念し、東京と松江で記念展や記念茶会など、不昧にまつわる行事が開かれます。縁者の私としては、大変喜ばしく思っています。一方で、不昧の功績はもっと幅広い観点から見直されて欲しいとも願っています。

１９１７（大正６）年に、私の祖父の直亮が中心となって雲州松平家の編集で『松平不昧伝』という書籍を発刊しました。質、量ともに不昧に関しては最も詳しい資料として知られてきましたが、内容は主に不昧の茶の湯に関することでした。この書籍の影響もあって、不昧が今も「お茶のお殿様」と思われる理由となっているように思います。「不昧は政治を顧みず、領民の血税で高価な茶道具を買いあさり、藩財政を傾かせた」との批判が長らくありましたが、松平不昧伝がそのきっかけになっていたとしたら残念です。茶の湯は不昧の一面に過ぎないし、茶の湯に打ち込んだのも、実際は藩主を退き、隠居してからです。

現役時代の不昧はあくまで藩主、武人に徹しました。武家の本分の武芸や禅の修業を続け、多額の借金を背負う藩財政の立て直しを図り、各種産業の発展を促しました。薬用ニンジン、木綿、ろうそくの原料となるハゼ栽培、たたら製鉄などです。希代の名人です。

１９９９年に安澤秀一氏がとりあげた「松江藩出入捷覧」が出版されました。不昧が藩主となった１７６７年から死後以降も含む74年間分の濬の財政動向をまとめた本で、不昧がいかに実直に、懸命に務めを果たしてきたかを広く伝えてもらいました。不昧が情熱を傾けた茶道具収集は、自身で金銭的にやり繰りできる範囲内で行われたし、藩の輝かしい繁栄ぶりも示し、不昧に関する多くの誤解が解けたのではないでしょうか。

不昧は周囲の人々に恵まれた人生だったように思います。藩主として手掛けた事業の多くは父・宗衍の代に発案されました。宗衍自身は藩財政改革の成功者にはなれませんでしたが、若き不昧を藩主に据える時点で、下地をしっかりつくっていました。家老・朝日丹波も改革に大なたを振るい、若き藩主を支えました。

そして今、こうして不昧の没後からはるか２００年が経過しても、改めて功績に光が当たる機会を得たことに感謝を表します。

茶の湯文化を次世代へ

不昧公200年祭記念事業推進委員会会長・松江市長　**松浦　正敬**

松江藩松平家7代藩主治郷公（1751～1818年）は、不昧と号した大名茶人です。今年は、没後200年の節目の年を迎えます。

不昧公は、茶道諸流派を学び、独自の茶風を極める一方で、財政改革にも取り組み、傾きかけた藩政を立て直しました。地方創生のモデルともいえる木綿・鉄・人参などの殖産政策、さらに「不昧公好み」と呼ばれる美意識で指導・育成した美術工芸、和菓子・料理などは、松江の文化と産業の礎となりました。

こうした不昧公の功績を称え、広く皆さまに知っていただきたく、松江市などでつくる記念事業推進委員会では「不昧公200年祭」を開催いたします。

200年祭では、「雲州蔵帳」の名品が並ぶ「大名茶人・松平不昧」を東京（春）、島根（秋）で開催するほか、田部美術館など不昧公ゆかりのミュージアム7館では、記念の企画展が予定されています。

秋には、茶道11流派が2300人規模の趣向を凝らした記念茶会を催し、日本三大茶会・松江城大茶会とともに、松江ならではの茶の湯を堪能していただきます。

暮らしの中にある松江らしい茶の湯を感じる企画も展開します。「茶の湯堀川遊覧船」の運航、まち歩きで抹茶と和菓子を楽しむ仕掛けづくりなどを行うとともに、不昧公の命日（4月24日）を「茶の湯の日」として制定し、暦を通じて茶の湯文化を広げる取り組みを行います。

松江市にあるゆかりの茶室「菅田庵（国重要文化財）」の修復工事も行い、2019年秋には修復後の姿をお披露目する予定です。

また、松江市内の和菓子店7社が、記念の和菓子「不昧菓」を創作しました。各店の職人が不昧公にちなんだエピソードから発想を得て春夏用に仕上げました。

これらの記念事業は、市民・市民団体や官民の事業者などが「不昧公」を核に心を一つにして取り組まれるものです。まさに今に生きる不昧公の大きさを改めて強く感じるとともに、松江で200年祭を開催する意義を強く認識したところです。

この２００年祭を一過性に終わらせることなく、このような「心のつながり」をまちづくりに活かし、茶の湯文化を次世代へつなげていくことが今を生きる私たちの使命だと考えています。

没後２００年を翌年に控えた２０１７年１月から12月まで山陰中央新報の紙面で連載された「今に生きる不昧」では、不昧公の精神を市民の暮らしに交えて紹介されました。この度、新たな資料も加えて書籍として発刊されることから、改めて不昧公と松江の茶の湯文化に全国の方々から目が向けられる機会につながると嬉しく思っています。

また、山陰中央新報では、今年1月からは、「平成不昧伝」として、不昧公の足跡に今を重ね、これからを考える連載が始まりました。２００年祭の成果を未来につなげることになると大きな期待を寄せているところです。

不昧公 Fumaikou 二〇〇年祭

不昧あっての茶どころ松江（まえがきに代えて）

茶道には熱心に打ち込む茶人の皆さま、茶道史には研究者がおられます。松江藩の歴史については郷土史家の皆さまがいて、果たして一介の新聞記者の私が、松平不昧について何を書くべきか。連載企画の立ち上げに際して、迷った点でした。それぞれの道にまい進されている方々と比べ知識がありません。

ふとしたきっかけで「今に生きる不昧」という企画タイトルが浮かび上がった時、悩みが解消したように思います。日本史や茶道史、松江藩史を縦軸に、不昧にまつわる現代の人々の活動を横軸に……。縦横で編み込むイメージで取材と執筆を続け、企画は回を重ねました。

不昧が生きた時代の息吹が身近に感じられる取材でした。天下太平の世ではありましたが、文化的には大いに繁栄し変化にも富んでいました。現代にも通じる人々の暮らしがある一方、理解できない点もあり、いずれも刺激となりました。

私は松江生まれの松江育ちですが、実のところ不昧にはいい印象を持っていませんでした。高校生のころ、誰彼となく「茶道具収集に溺れ、藩財政を傾かせた暴君」と聞かされました。「名君」と聞かされたらどうだったか。粋で賢明な藩主の話一つで、誇らしい気分になれたかもしれません。

金沢市の茶道愛好者への取材が心に残ります。金沢の文化は戦国武将・前田利家以来、400年の歴史が育み、厚みに圧倒されました。背景に江戸への激しい対抗意識があり、それは松江にはありません。加賀百万石のスケールと相まり、松江の文化が小さく思えて打ちひしがれました。しかし帰り際、愛好者の方が「ぜひ松江に行きたい」とおっしゃいます。理由を問うと、間髪入れず「不昧公の町だから」。私自身、その後、シンプルに企画と向き合う契機となるやり取りでした。不昧あっての茶どころ・松江。一人で町のイメージを打ち出せるほど偉大なのだ――と。

この「今に生きる不昧」には、読み手に郷土に対する自信と誇りを持って欲しいという願いを込めました。例えば、これから山陰を離れる人たちが新天地で「私の故郷には松平不昧という名君がいて……」。そんな調子で本書をお国自慢に役立てていただければ、この上ない幸せです。

山陰中央新報社「今に生きる不昧」担当記者・板垣　敏郎

目次

※本書の「今に生きる不昧」は、山陰中央新報で２０１７年1月23日から
同年12月25日まで連載したものを一部加筆・修正し、まとめたものです。
※登場する団体名、個人の肩書などは新聞掲載時のままです。

今に生きる不昧

松平不昧肖像画（月照寺所蔵）

松平治郷《はるさと》（号・不昧《ふまい》）

１７５１（宝暦元）年、江戸赤坂の藩邸に生まれる。17歳で松江松平藩第７代藩主となる。苦境に陥っていた松江藩の財政を「御立派の改革」で好転させるとともに、茶道に没頭し、江戸時代後期を代表する茶人と位置付けられる。茶道具収集を熱心に行い、９００点を超えたといわれるコレクションをまとめた目録「雲州蔵帳」、優れた審美眼に基づき、名物茶道具を図説した「古今名《ここんめい》物類聚《ぶつるいじゅう》」は後世の茶人が指標とした。１８１８（文政元）年没。

茶どころ松江

100年忌を機に花開く

国宝の松江城（松江市殿町）を囲む堀川のほとりで、和服姿の男女が抹茶を味わっていた。新婚旅行で埼玉から訪れ、一服を楽しむ二人。川面を遊覧船が滑り、静かな時間が過ぎる。観光客や市民がお茶に親しむ姿は、城下町・松江の風情に溶け込んでいる。

松江は京都、金沢と並ぶ「茶どころ」だ。1世帯当たりの緑茶の消費量が日本一、人口10万人当たりの和菓子店の数が日本一など、豊かなお茶文化を裏付けるデータもある。

根源をたどると1人の人物にたどり着く。大名茶人として知られる松江松平藩7代藩主・松平治郷（号・不昧）だ。「不昧あっての茶どころ・松江」。多くの人がそう思っている。

確かにその通りだが、不昧は当時、武家を中心とした上層階級の中で茶の湯にいそしんだ。没後は長らく、忘れられた存在でもあった。江戸時代から今のような街の姿があったわけではない。

◇ ◇ ◇

幕藩体制が終わり、明治時代が始まったのは、不昧が亡くなってから半世紀後のこと。大政奉還、廃藩置県、戊辰《ぼしん》戦争と時代は大きく動き、残った傷跡も深かった。

観光を切り口に不昧を研究する島根県立大短期大学部の工藤泰子准教授によると、明治時代前半は徳川時代をしのぶ空気はなかったという。不昧も、茶人からは尊敬されていたが、一般に功績が認められ、顕彰されることはなかった。

明治も後半に入り、変化が訪れた。

堀川沿いのテラスで抹茶を楽しむ観光客。松平不昧がもたらした茶の湯の文化は松江の大きな特色となっている＝松江市北堀町

１９０７年には大正天皇（当時、皇太子）が山陰を訪問し、松江の和菓子を購入したことが話題に。15年、大正天皇の即位に伴う御大《ごたい》典《てん》の際には、不昧に「従三位」の位階が贈られた。

人々の生活環境も変わった。山陰に鉄道が走り往来が活発化する。観光もまた重要産業となってきた。「観光資源の掘り起こし、地域アイデンティティーを模索する過程で不昧に注目が集まったのだろう」と同准教授はみる。

決め手は16年から2年にわたり行われた「不昧没後１００年忌」だった。東京と京都、松江で茶会が開かれ、東京では大規模な物産会もあった。松江の和菓子や茶器などが広く紹介された。不昧が生前、職人らに命じて育んだ技術や文化は地域に根付いていた。これが没後100年を機に花開いた。「茶どころ・松江」が発展を遂げた。

再び１００年が過ぎ、２０１８年は没後２００年となる。不昧の精神は変わらず今に生きている。

茶禅一味

一期一会の精神見いだす

東京都港区の天真寺（臨済宗）は、松平不昧と禅を結び付けた地だ。江戸にいる時、9代目住職の大巓宗碩《だいてんそうせき》の下で修行した。後に大名茶人と呼ばれる不昧はまだ19歳。これを皮切りに、茶と禅が一体となった「茶禅一味」の境地を目指した。

◇　◇　◇

高級住宅地の一角に天真寺はある。午後7時前、スーツ姿のサラリーマンがやって来る。月2回の「座禅の会」。線香の煙が立ちこめる40畳の書院で、25分間の座禅を2回行う。寺の創立は1661年。今の本堂は1985年再建と新しく、ネクタイを締めての座禅に違和感がない。

「彼らが座禅に求めるのは静けさだろう。せわしないビジネスの現場から離れ、体を整え、息を整え、また戻っていく」と19代目の豊吉《とよし》宗雄住職。禅は著名な現代の実業家らも取り組み、今や世界的に注目される。

◇　◇　◇

約250年前、不昧も禅に着目した。親戚の墓があった天真寺で大巓と出会い、修行を申し出たらしい。藩主になりたてで、茶道も習い始めて日が浅かった。藩主の重責に向き合うとともに、茶道を究める上で禅の必要性を感じたのだろう。禅と茶は歴史的に結び付きが深く自然な流れだった。

藩主直々の申し出は異例で、修行僧のように托鉢《たくはつ》や掃除などの作務《さむ》をすることなく、専ら座禅を続けたようだ。

禅宗では、悟りを開くための課題「公案」を、座禅しながら考える。禅問答と呼ばれる。臨済禅は1700問の公案がある。

豊吉住職は自身が最初に挑んだ公案「父母未生以前の本来の面目」（あなたの両親の生まれる前のあなたは何者か）に、不昧も取り組んだのではないかと想像する。同住職は答えを師に何度も突き返され、20回目にして通った。不昧の時がど

「茶禅一味」を目指した松平不昧ゆかりの禅寺で夜、座禅に臨む会社帰りの人たち＝東京都港区南麻布3丁目、天真寺

うだったのかは分からない。

「不昧」の号は修行開始の2年後、大巓から授かった。「意志が強く、物欲に惑わされることなく、身を滅ぼさない」という意味の「不落《ふらく》不昧」から取った。

禅の言葉「生死事大　光陰可惜」は「人は死に向かって歩いている。時間を大切に修行を怠るな」の意味。豊吉住職は「今という時の中で心を込めてもてなす、茶道の一期一会の精神と共通する何かを、不昧も感じたのではないか」。

不昧は生涯を通じ、禅の高僧と交流を深め、禅と深く関わった。茶道と禅は車の両輪であり続けた。

都心の高級住宅地にある天真寺。中央奥は六本木ヒルズ

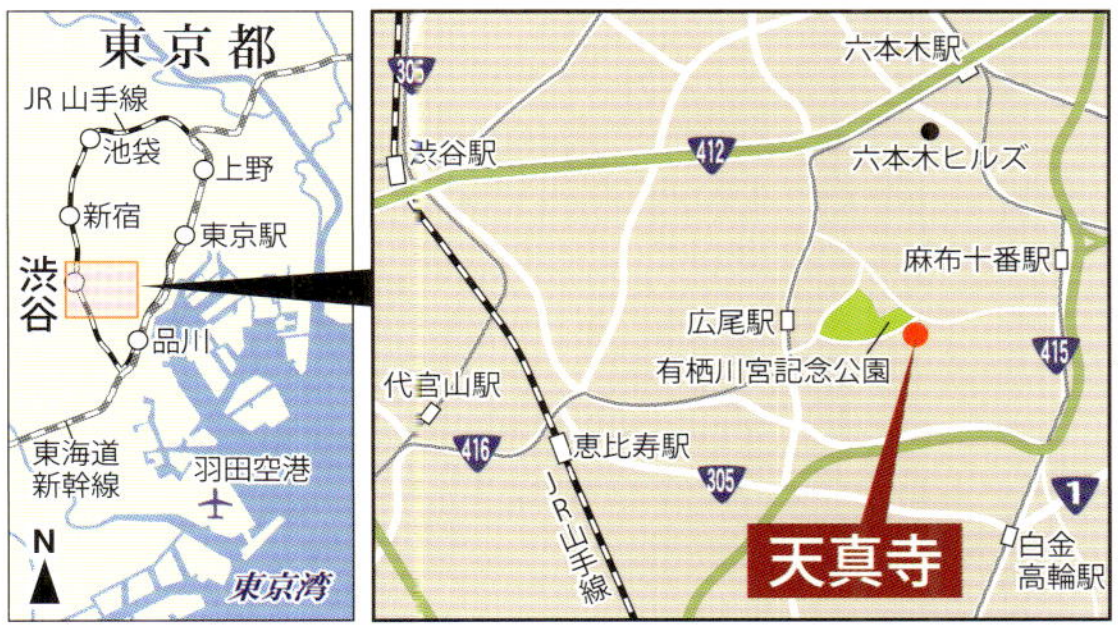

千利休

尊敬込めた二畳茶室

松平不昧が生きた時代の約２００年前、千利休《せんのりきゅう》（１５２２〜９１年）は生き、はかなく散った。わび茶を大成させたといわれ、茶道に限らず後世に与えた影響は大きい。「わび、さび」「清潔簡素」など日本文化の一面は利休に端を発する。不昧もまた、利休の茶の湯を理想とした。

◇　◇　◇

56歳で松江藩主の座を譲り、隠居の身となった不昧は江戸・大崎の下屋敷に移り住み、晩年を過ごした。下屋敷には11の茶室を設けた。最も気に入っていたという茶室「独楽庵《どくらくあん》」を、隠居宅そばに置いた。火災に備えて茶室全体を覆う鹿革のなめし袋を用意させ、土砂崩れで流されるのを心配して庭に空堀を掘った。

この独楽庵こそが、利休が生前、京都・宇治田原に建てたと伝わり、複雑な経緯を経て不昧の手に渡った茶室。広さわずか2畳の空間は、利休の茶の究極の形だ。豪勢な大広間で大人数の客を集めて行った利休以前の茶の湯とは対極にある。

不昧は松江藩主時代はあまり茶会を催さなかったが、隠居後は身分の分け隔てなく頻繁に開き、独楽庵は使用頻度の極めて高い茶室の一つだった。亭主と客とで膝をつき合わせ、息遣いまで聞こえてくる狭い空間。畳の上の歩き方、道具の置き方、扱い方も通常の茶席とは大きく異なり、主客双方に高い技量と精神が求められた。

◇　◇　◇

不昧が没して35年後に黒船が来航。幕府が大砲の台場としたため、不昧が暮らした下屋敷周辺は取り壊され、独楽庵も別の所に移されたが結局、高波で失われた。

今は、出雲市浜町の出雲文化伝承館に１９９１年に復元された独楽庵がたたずむ。土壁の灰色と畳、障子を閉

茶庭とともに復元された利休伝来の独楽庵。ライトを添えて撮影すると、二畳茶室がたそがれに浮かび上がった＝出雲市浜町、出雲文化伝承館

めればわずかな明かり。部屋という空間をも縮めて無駄をそぎ落とし、装飾は何もない。

不昧は自らが生きた江戸後期の茶の湯の在り方を批判し、嘆いた。同館学芸員の藤原隆さんは「茶の湯が趣味、習い事として定着していた。華美になっていたのだろう」と話す。茶の湯人口が増え、不足した道具類を作っては高値で取引される時代だった。

不昧は騒がしさとはかけ離れ、そこはやはり大名だった。利休伝来の独楽庵をこよなく愛し、茶の湯を解説した自著でも「茶聖」をたたえた。「利休へ帰ろう」。不昧が一貫して発し続けたメッセージだった。

千利休　外国貿易で栄えていた大坂・堺に魚問屋の子として生まれる。18歳で武野紹鷗《じょうおう》からわび茶を学ぶ。織田信長、豊臣秀吉に仕え、わび茶の精神を追求し、完成させた。政治と茶の湯が密接な時代で、後に秀吉の怒りに触れ、切腹を命じられた。竹、わらを茶室に用いるなど、従来はあり得なかった素材に美を見いだして活用した。優れた審美眼に基づくアイデアや創造力は後の茶の湯に絶大な影響を与え続けている。

独楽庵の二畳茶室内。この狭い空間で不昧が客と向き合ったと想像できる

名人相伝

原点となった石州流

名人相伝――。石州流茶道は技量、精神を師に認められた弟子が、独自に派をなすこの名人相伝の伝統を守ってきた。松平不昧は18歳で徳川将軍家の茶道だった石州流を習った。後に他流派の長所を取り入れながら改良を加え、石州流「不昧派」の祖となった。

◇　◇　◇

石州流は名人相伝のため、今でも全国各地に各派が散らばり、その数は40派とも50派ともいわれる。名人の創意工夫で流儀に違いが生じる。

祖は大和小泉藩の藩主・片桐貞昌《さだまさ》（石州）。茶聖・千利休の長男道安の流れをくみ、江戸前期に流派を打ち立てた。発祥地の奈良県大和郡山市には、１６６３年に石州が開いた臨済宗の慈光院がある。

書院から眺める庭園は、美しく刈り込まれた木々が特徴的で、石州の精神が詰まっている。灯籠がないのは、灯籠だけに目を奪われるのを避けるため。「見るともなく全体を見る」という禅の精神に基づく。

遠くに大和平野を見渡せるのも石州の地元愛からだった。平野を行き交う旅人、農作業の人々、子どもたちが遊ぶ姿…。庶民の営みに美を見いだし、庭園の景色として取り込んだ。

◇　◇　◇

石州の時代から約１００年後、不昧は石州流の門をたたいた。師匠は石州流伊佐派の伊佐《いさ》幸琢《こうたく》だった。師弟関係がどのようなものだったか分からない。しかし、不昧が大成した後、幸琢の息子の栄琢が不昧に弟子入りしているから、良好な関係だったのだろう。

不昧は25歳で初めて茶事を催した記録がある。このときの点前は伊佐派の域を出なかったようだ。まだ茶道観の模索段階で、松江藩の財政難改善に取り組んでいた時期にも重なる。

不昧は石州流を基本に、徹底して無駄を省いた。石州流の点前を色濃く残す長崎県の松浦《まつら》鎮信《ちんしん》流と不昧流とを比べると、茶しゃくの向きを変え、茶巾で茶わんを拭く回数を減らすなど違いがある。不昧は細かな工夫を重ね、自らの流儀を確立していった。30代後半から特に顕著になる。

石州流は不昧の原点だったが、絶えず他流に目を向けた。三斎流や遠州流、三千家のやり方、長所も良いと思えば導入

慈光院の書院の前に広がる国指定名勝・史跡の庭園。片桐石州のわびの精神が息づく景観を見渡しながら、観光客が心静かに抹茶を楽しんでいた＝奈良県大和郡山市小泉町

した。進取の気性に富み、柔軟であり続けた茶人像が浮かび上がる。

片桐石州　１６０５～７３年。摂津茨木（現大阪府茨木市）に生まれ、奈良の大和小泉藩１万３千石の２代藩主となる。京都知恩院の修復などに当たった。土木普請奉行としても高い力量を示し、茶人としても才能を発揮し、徳川４代将軍家綱の茶の湯師範となる。自らが打ち立てた石州流は後に不昧、井伊直弼ら茶道史に残る大茶人を輩出した。

入り母屋造りの素朴な書院（奥）と木々の大刈り込みが特徴の庭園

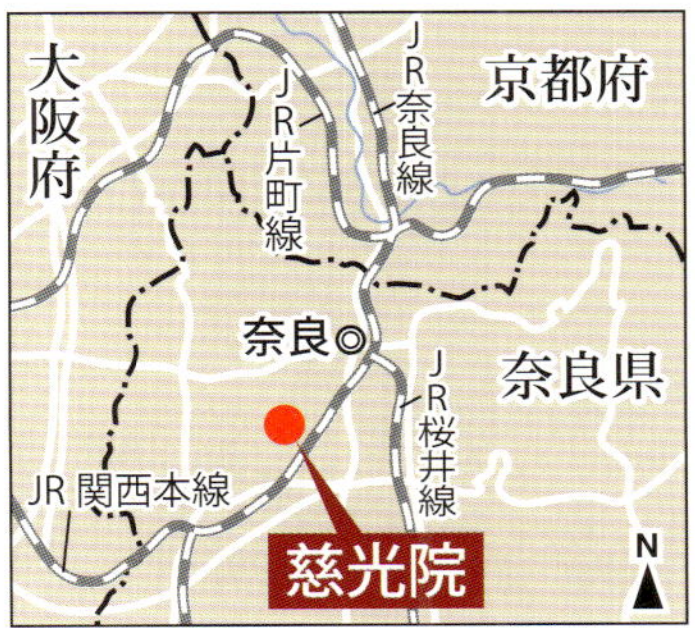

不昧流

松江の茶に独自の彩り

松平不昧は、徳川将軍家の茶道「石州流」を習い、他流派の長所も取り入れながら自分流の茶道を確立した。後に「不昧流」と呼ばれる。しかし、不昧は流派を立てる意識は薄く、よもや自分の名を冠した流派が残るとは思わなかっただろう。あの世で苦笑しているかもしれない。

◇　◇　◇

不昧の茶道は、弟子を取り収益を確保し、後世に伝えていく、習い事としての茶道とは一線を画していた。禅の思想と深く結び付きながら自分を律し、自分を高める茶道。自身に限定した大名の茶だった。不昧は晩年、自らの茶道観を短文「茶礎」にまとめた。

「習にかゝはり、道理にからまれ、かたくるしき茶人は、田舎茶の湯と、笑ふなり」（覚えたことにこだわり、理論にとらわれた堅苦しい茶人は田舎茶の湯と笑われるだろう）と、自由な精神の大切さを説く。続けて「我が流儀立つべからず、諸流皆我が流にて、別に立派あるべからず」と結ぶ。「流儀を立ててはならない。諸流全てがわが流派であり、別に派を立ててはいけない」が大意だ。

自派を立てるのを否定した背景に、茶の湯を取り巻く環境の変化を見越していたようだ。松江歴史館の藤間寛学芸専門監は「お茶は時代に合わせて形を変えるものと、思っていたのだろう」と胸の内をみる。

◇　◇　◇

不昧が生きた江戸後期は文化が成熟し茶の湯が広く普及した。各派競い合いの時代だった。自身が尊敬した茶聖・千利休の時代のような戦国の特権階級に限られた茶の湯とは違っていた。不昧の死から約50年後、明治維新を迎え、茶の湯を担ってきた武士階級そのものがなくなった。

◇　◇　◇

２０１７年1月中旬、松江市内のホテルで不昧流不昧会の初釜があった。島根県東部から80人の愛好者が集い、茶会が催された。明治維新後、松江藩の旧家老・有沢家を中心に続けられたのが不昧会の源流。有沢一男会長は「ほそぼそとで

初釜に臨む不昧流不昧会の人たち。松平不昧が自らを律し、高めるために取り組んだ茶道は、不昧流として受け継がれてきた＝松江市千鳥町、ホテル一畑

初釜で心静かにお点前を見つめる参加者

あっても、流儀を絶やさぬよう続けてきた」と語る。

これとは別に、松江藩の旧藩士を主とした不昧流大円会の系譜も脈々と続き、今日に残っている。

不昧は派は立てなかったが弟子は取った。藩主である以上、気安く自分で指導するわけにはいかず、家臣に教え込み代稽古させた。弟子に他流を習わせ、自分の茶の湯に取り入れてもいる。緩い師弟関係を経て、形にとらわれない不昧の茶道はしなやかに時代を超え、茶どころ松江を特徴付ける存在となった。

賛否

研究進み〝暗君説〟後退

松平不昧は江戸の人だった。江戸に生まれ、隠居も江戸。江戸時代初期の藩主は参勤交代で国元から江戸へ行ったが、天下泰平の世が続き感覚は逆になった。国元へ行きたがらない藩主が少なくない中、不昧の40年間で参勤交代19回は、ほぼ規則通り実直にこなした数字だ。

◇　◇　◇

東京都文京区にある護国寺。不昧が眠る。最初、天徳寺（東京都港区）に埋葬されたが、１９２３年の関東大震災で墓所が壊滅的被害を受けた。国元だった松江に墓を移す話になったが、引き留めたのは東京の人たちだった。実業家で茶道研究家の高橋箒庵《そうあん》の尽力で、護国寺に納まった。東京でも偉大な茶人という認識だった。

◇　◇　◇

ところが戦後から90年代まで不昧の評価は賛否が分かれた。否定論は「不昧は暗君で政治は家老任せ。名物茶道具を買い集め、藩財政を傾かせた」。

偉人に対する評価は時代の空気と無縁ではない。太平洋戦争、終戦、そしてマルクス主義の流行。「戦争を招いた反省と価値観の変化が背景にある。支配者、被支配者の構図で見れば、不昧が評価されにくい時代だった」と松江郷土館の安部登元館長は話す。

不昧は９００点超とも言われる茶道具を所有した。権力者の道楽。そうみなされたのだろう。果たして藩財政を悪化させるほど、茶道具で浪費したのか。是非を判断する証拠の発見を待たねばならなかった。

毎年の松江藩の収支をまとめた「松江藩出入《でいり》捷覧《しょうらん》」が99年に出版された。不昧が松江藩主となった１７６７年から死後以降も含む74年間分のバランスシートだ。古くから存在は知られていたが分量が膨大な上、米俵、金、銀の単位が混在。相場も変動するため分析困難な史料だった。

コンピューターの計算機能が向上し、ようやく単位を「両」に統一換算し、藩の財政状況を詳しく把握できるようになった。

藩主になり死去するまでの51年間で、不昧が茶道具の購入など自由に使えたお金は16万５７２４両。現代の貨幣価値で１７０億円程度で、藩の総支出の２・４％に当たる。現代の感覚だと大きな額に映るが、松江藩規模の藩主の〝小遣い〟としては常識内だった。

確かに茶道具に金をつぎ込むことはつぎ込み、藩主なりの金欠状態には苦しんだようだ。手紙でよく「この降る雪が黄金なれば…」とこぼしている。

不昧の治世40年間は松江藩の黄金期で、不昧が名君とされるゆえんだ。

護国寺正面の仁王門。左奥は本堂の屋根

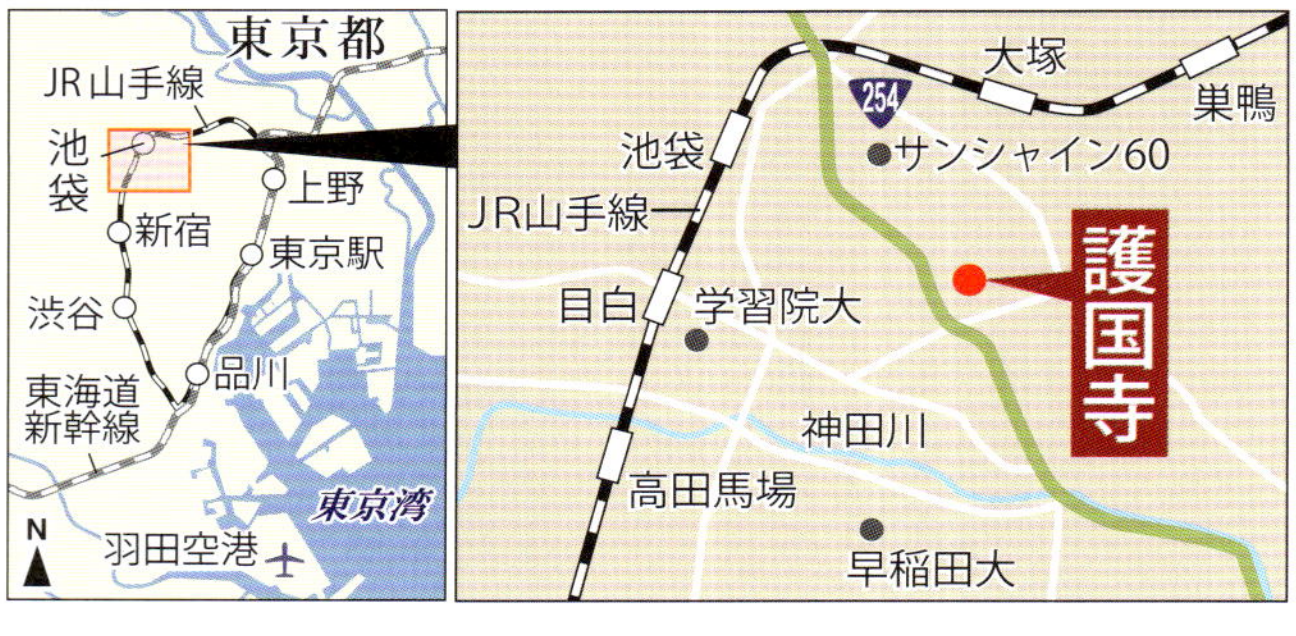

松平不昧が眠る護国寺。山門をくぐると大都会の騒々しさとは一線を画した静かな空間が広がる＝東京都文京区大塚５丁目

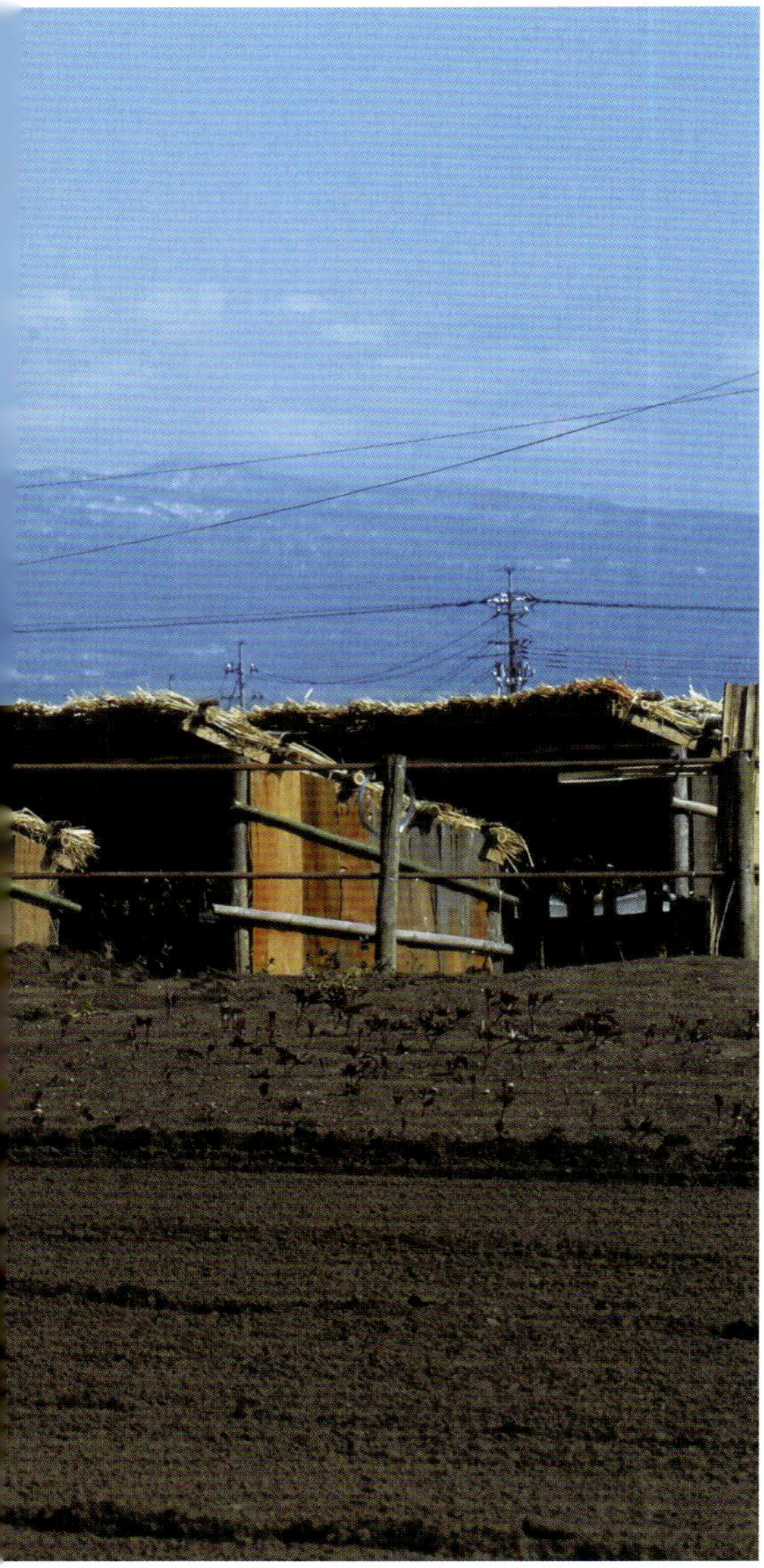

父・宗衍

苦難の改革　時代に開花

松平治郷（不昧）の父で6代藩主の宗衍《むねのぶ》は、世間の評価が低い。国元の松江にはあまり帰らず、江戸では遊郭で豪遊した逸話も残る。藩財政立て直しの改革は失敗し、藩主を辞した。このとき38歳。不昧は17歳だった。

◇　◇　◇

全国の各藩とも、江戸時代初期の1600年代から既に赤字体質だった。築城、国造りに欠かせぬ土木工事費などがのしかかり、ぜいたくもまた、領民に権威を見せつけるためだった。松江藩も年約30%の赤字を出し続けた。宗衍の治政が始まる1730年代ともなると、いよいよ財政改革の必要に迫られた。

貨幣経済が発達し始めた時代だった。収入は年貢（コメ）、換金して支出はお金。収入源のコメは増産に次ぐ増産で、米価下落を招いていた。宗衍の改革の主眼は現金獲得の手法開拓にあった。新案や新企画を意味する「御趣向《ごしゅこう》の改革」と呼ばれた。

しかし藩内から知恵者を集め実行した改革は行き詰まり、約20年で終わった。典型的な殿様商売だった。今の銀行に近い業務もした。民間から集めた資金を元に貸し付けて利息で稼ごうと狙ったが、資金が集まらず挫折。10年分の年貢を一括して払えば、それ以降の年貢を免除する新しい制度も、長い目で見れば農民に土地を売ったにすぎなかった。農から商への転換期の中で試行錯誤した。

宗衍には時間が足りなかったのかもしれない。新産業創出にも投資した。木綿、ろうそくの原料となるハゼ栽培、砂鉄資源を活用した鉄製品の生産。後に藩財政を潤わせたこれらの事業は、自身の代で大きな成果を上げることはなかった。

薬用ニンジンもその一つ。今も流れを引き継ぎ、松江市八束町（大根島）で9軒の農家が栽培する。最初は現在の松江市古志原地区で始まり、後に同市東津田町へ栽培地を移した。苦難の末、栽培は軌道に乗り、中国向け輸出で巨利を得る主力産業となった。しかし、それは次の不昧治政の最晩年のころからで遠い先。大根島での栽培は1900年代に入ってか

薬用ニンジンの栽培に適した黒ぼく土が広がる大根島。４月初め、栽培小屋の周りで竹囲いの設置作業が進んでいた。後方は大山＝松江市八束町波入

らだ。

◇　◇　◇

宗衍の時代は度重なる凶作や災害に見舞われ、幕府からは比叡山延暦寺の修復命令、将軍名代での上洛などもあって、多額の出費を迫られた。やがて松江藩の財政難は知れ渡り、一両の金すら貸す者がいなくなった。宗衍は責任を取り不昧に藩主の座を譲った。

宗衍の否定は簡単だ。何しろ歴代松江藩主の中でも特に国元へ帰らなかった。「藩の実情を知らないまま政策を立てたのではないか」と松江歴史館の西島太郎専門学芸員。不昧が宗衍をどう思っていたか。父の改革の多くを継承した事実から、想像するほかない。

松平宗衍（１７２９〜８２年）３歳で松江藩主となり、17歳で初めてお国入り。危機的状況にあった藩財政立て直しのため、新産業創出などの改革を推し進めたが、好転しなかった。一方で文教政策にも力を入れた。藩校「文明館」を設置。特定の学説にこだわることなく実践重視の校風だった。後の不昧の時代に、藩政改革に携わる人材もここで学んだ。

剛腕

農民頼りに激烈改革

藩財政改革に失敗した父・宗衍《むねのぶ》の後を受け、17歳の治郷（不昧）は松江松平藩7代藩主となった。宗衍からの申し送りで若い不昧の後見人にあてがわれたのが家老・朝日丹波郷保《あさひたんばさとやす》だった。現代の貨幣価値で1千億円超といわれる50万両の借金を抱えての船出。この63歳の老臣が、晩年に燃やした炎は激烈だった。

◇　◇　◇

郷保は宗衍の時代、方針が合わず藩内で干されていた印象だ。宗衍が最後に郷保を不昧の後見人としたのは農業本位の方針と、コストカットの手腕を買ったからだろう。不昧の行った「御立派《おたては》の改革」で嫌われ役を一身に背負った。

「泰平の世に国家が危難に及ぶというは、過半借用より起こりたるなり。借金にて潰《つぶ》れたる大名はなしという人は、言語道断の不忠者」。郷保が家老を引退後に著した本で強く健全財政の必要性を説いている。

借金を膨らませる結果に終わった宗衍の改革は農業ではなく商業を重視した。緊縮財政より資産運用、財テクで利潤を生もうとした手法に、郷保は反感を持っていた。

商人嫌いだったのかもしれない。農民は凶作ではただ苦労する。商人は米価が低ければコメを買い、凶作で高くなれば売る。人の不幸に乗じて稼いでいるように映ったのだろうか。

後見人となってすぐさま動いた郷保の手法は商人を狙い撃ちした内容で、矢継ぎ早に激しい手を打った。

大坂の金融商人たちと50万両に上っていた藩の借金について談判。無利子で元金を70年かけて分割返済し、代わりに藩からの年貢米の取り扱いについて便宜を図る条件をのませた。

続けざまに松江藩内で生じていた借金は全て踏み倒した。荒療治だったが大きな混乱はなかった。「富裕層には痛かったが、大多数を占める農民を敵に回さない手法」と松江市文化財保護審議会の乾隆明委員は分析する。郷保は常々「一番大事なものは農民」と語り心頼みにした。

◇　◇　◇

無論、武士にも多大な痛みを強いた。「入るを図って出るを制す」財政方針を徹底。削れるだけ削った。江戸藩邸で掛かっていた経費は3割まで抑え込んだ。無駄と思われる武士の役職は減らしに減らし約1千人を減員した。大胆な改革に恨み節も聞こえる。「破れ行燈《あんどん》に朝日がさして、後はどうでも暗い暗い」と当時の狂歌にある。

未来は暗くなかった。郷保は藩財政が好転し始めた1783年に死んだ。宗衍の死から1年後。一時は自分を遠ざけ、土壇場で起用してくれた先代藩主の死に意気消沈したらしい。今、松江松平家菩提寺・月照寺（松江市外中原町）近くの法眼寺で眠っている。

御立派の改革　不昧の時代に家老・朝日丹波郷保を中心に進めた藩政改革。郷保一派が「御立派」と呼ばれていたことが名前の由来。経費節減、リストラを進めた。松江藩の支出の半分近くを占めていた江戸屋敷の出費の大幅削減に成功。藩内でも軍事の指揮官級削減、行政の奉行兼務推進で人員減につなげた。6代藩主・宗衍の時代から取り組み始めた新産業の創出事業は多くを継続した。薬用ニンジンの栽培やたたら製鉄の推進、木綿産業の支援など。その成果で大坂商人に対する約50万両の借金は74年間で完済した。

松江歴史館にある家老・朝日家の復元長屋＝松江市殿町

法眼寺にある朝日丹波郷保の墓。郷保は剛腕で松江藩の財政再建に道筋を付けた＝松江市外中原町（30 秒露光した 236 枚を比較明合成）

たたら製鉄

〝二人三脚〟で大産地へ

２０１７年６月17日、中国地方を走るＪＲ西日本の豪華寝台列車「トワイライトエクスプレス瑞風《みずかぜ》」がデビューした。３コースあるうち山陽、山陰両線を周遊する２泊３日コースの目玉は島根県東部（出雲地方）観光だ。ほかの立ち寄り地が滞在時間約３時間なのに対し出雲地方で８時間を割く。

瑞風の一行はＪＲ宍道駅で列車を降り、バスで雲南市吉田町吉田の菅谷たたら山内《さんない》、田部家などを巡る。続けて松平不昧ゆかりの茶室・明々庵（松江市北堀町）で一服を楽しむ。

古来、雲南市吉田町など奥出雲の地で行われた「たたら製鉄」と茶の湯とは一見、無関係に見える。しかし江戸時代後期、出雲地方の鉄生産高は全国の40％以上を占めたといわれ、藩財政を支えた。鉄がもたらした豊かさが、茶の湯文化の発展に結び付き、大名茶人・不昧を輩出した――。そんな物語が瑞風の乗客に伝わる。

◇　◇　◇

不昧の時代、全国各地の藩が財政難で緊縮財政や産業振興など対策を講じた。しかし、改革が成功し「金蔵が足りない」との逸話もある松江藩のような事例は少ない。薬用ニンジン栽培やろうそくの原料となるハゼの実生産など、金蔵を満たした産品は他にもあるが、製鉄のシェアは圧倒的だ。

たたら製鉄は良質な砂鉄や、鉄製錬に欠かせぬ森林資源（木炭）が豊富にある奥出雲の地に根付いた。同様の条件を備えた地域はよそにもあり、これだけで出雲地方が日本随一の生産地になったわけではない。

鉄山は民間の商業資本で経営するか藩直営が主流だったのに対し、松江藩は独自の手法を取った。不昧が藩主となる約40年前、藩は田部家など藩内の９人の鉄師のみに鉄生産を認めた。鉄師たちは水田の大地主、山林や牧畜もなりわいとしており、「農林鉱工」一体の経営体制が構築された。農林業の視点を生かし、森林保全など環境に配慮しつつ安定操業を図った。

鉄師は藩に税を納めねばならなかったが与えられた裁量も大きかった。その中で、生産コストの抑制が他地域にはない強みだった。人手は農閑期の農民で賄えた。膨大な藩有林の

松江藩の鉄師を務めた田部家の菅谷たたらに残る高殿。不昧の時代にも炎を上げた土炉が再現されている＝雲南市吉田町吉田

管理も任せられ、木炭を容易に調達できた。不昧の藩主時代には藩が馬の繁殖に力を入れ、木炭や砂鉄の輸送力が向上。生産量増大が鉄価格の暴落を招き、他地域ではたたら場の廃業にもつながったが、松江藩は保護を続け、やがて鉄生産は出雲地方の独壇場となった。

◇　◇　◇

たたら製鉄は明治時代に洋鉄に押され後退しながらも、今なお奥出雲の地に息づく。瑞風の運行で、松江藩と鉄師たちが二人三脚でつくった鉄の歴史に再び光が当たっている。

全国で唯一の本格的なたたら製鉄を受け継ぐ日刀保たたら。手前は玉鋼＝島根県奥出雲町大呂

たたら製鉄　粘土製の炉に砂鉄と木炭を入れて行う日本古来の技術。日本刀の原料となる玉鋼が取れるため、今でも日刀保たたら（島根県奥出雲町大呂）で操業が続く。江戸時代後期は不昧の父・宗衍の改革で精錬した鉄を鍋や釜に加工し、付加価値を付けて売りさばく藩営事業を行い、不昧も踏襲した。不昧治世の１７９０年代には鉄価格が下落し、鉄山業は危機に陥ったが、松江藩は大坂の問屋から多額の借り入れをするなど、産業の維持を図った。

佐陀川開削

インフラ整備で黄金期

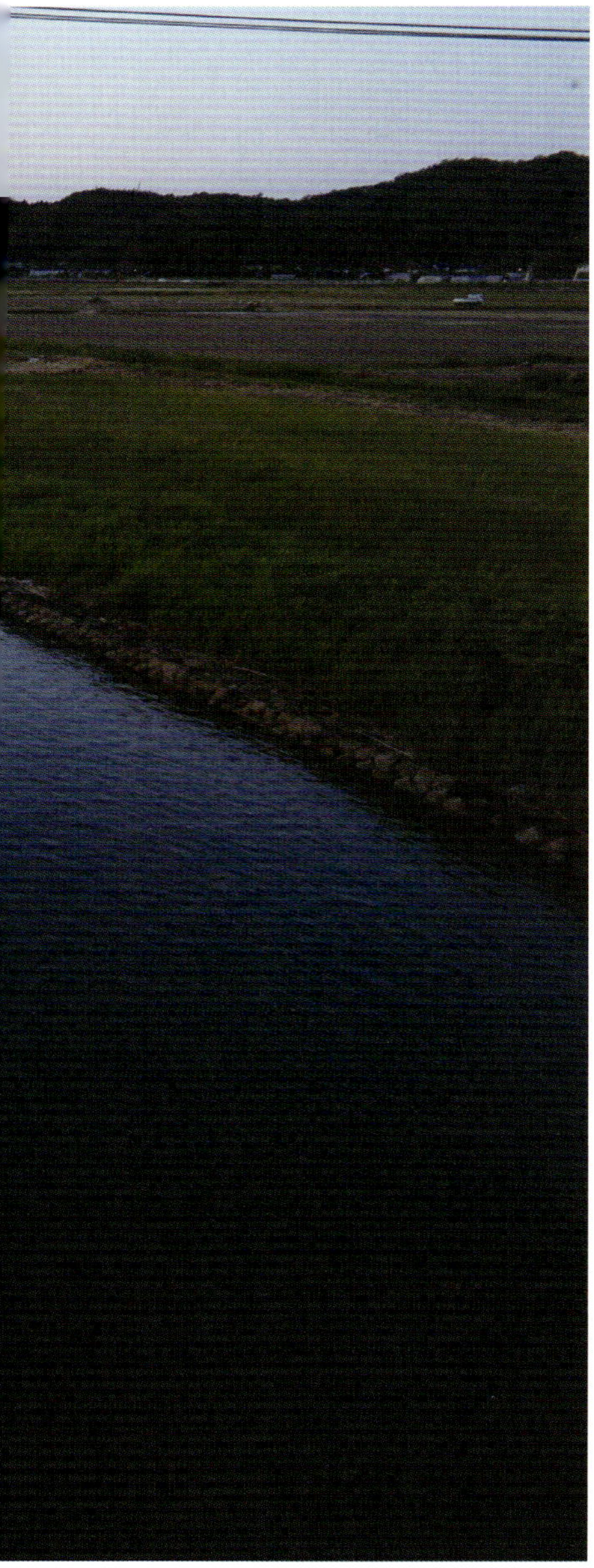

松江市西浜佐陀町の宍道湖と、同市鹿島町恵曇の日本海を結ぶ佐陀川は1787年に完成した。不昧の時代だった。全長10キロ、幅30メートルのこの人工河川は、江戸時代版の交通インフラだった。

佐陀川は開削を指揮した清原太兵衛（1711～87年）が12回も松江藩に出願し、74歳の時に認められた事業だった。宍道湖の水を日本海へ流す洪水対策。死者も出る難工事だった。

太兵衛は法吉村（現松江市法吉町）の貧農の生まれと伝わる。15歳のころ、松江藩士の家に奉公に出た。奉公先が土木や建築に携わる武士たちが住む地域だったのが聡明な太兵衛には幸運だった。土木技能で身を立てて出世し、71歳で士分にまで取り立てられた。

開削工事には寝食を忘れ没頭したという。12回もの出願といい、何が最晩年の太兵衛を突き動かしたのか。洪水は農民を苦しめ、立身出世してなお、出自を忘れなかったのかもしれない。3年の期間で佐陀川は完成。しかし、太兵衛は直前に病死し、最大の功労者抜きの完成式となった。

◇　◇　◇

佐陀川にはその後も開発物語が続く。完成式の翌年、藩はさらに5年をかけて大規模改修を行い、商船が通れるようにした。洪水対策を名目とした太兵衛の業績は第一段階だったのかもしれない。藩の緊縮財政が奏功し持ち直し始めた時期でもあった。

太兵衛を研究する山根克彦さん＝松江市東生馬町＝は「洪水対策なら農民のためなので、今でいう予算が付きやすかっただろう。真の狙いは水運ルートの整備」と語る。

藩の施策展開は一気呵成《いっきかせい》で、河川改修と同時に加賀港（松江市島根町加賀）を整備した。加賀港は北前船の寄港地で、佐陀川の到達点となる恵曇に近い。寄港地まで陸路に頼っていたそれまでの物流は、佐陀川によって水運ルートが開けた。コメや鉄など多彩な物資を載せた船が佐陀川を往来し、加賀港から各地へ送られた。

不昧の時代に人工河川として生まれた佐陀川。夕暮れ時、川で練習するボート部の学生の声が響いていた＝松江市古志町

危機的だった松江藩の財政状況は不昧の時代に大きく改善した。しかし、不昧の藩主としての評価は高くない。父・宗衍の時代の改革案を実行したに過ぎないとみなされてもいる。佐陀川開削も同様だ。地域づくりに不昧の独創性が表れるのは、裾野の広い茶の湯文化と結び付いた時。それには藩主になって早々の懸案だった、藩財政の好転を待たねばならなかった。

北前船　江戸時代後期から明治時代にかけて、大坂を起点に瀬戸内海、関門海峡を経て山陰、北陸などの日本海側の諸港を結び、後に北海道（蝦夷地）まで延長された航路を進んだ回船。大坂などで仕入れた物資を途中で販売しながら北上し、蝦夷ではニシン、昆布など海産物を買い込み、販売しながら瀬戸内海、大坂へと戻った。島根半島では美保関（現松江市）、宇竜（現出雲市）などに寄港。特に加賀は佐陀川が開削された恩恵を受け、大きく発展した。コメやろうそく原料、鉄製品、薬用ニンジンなどが積み出された。

佐陀川と北前船寄港地の位置関係

日本文化発展に貢献

いづもナンキンは、島根県東部の特産金魚。江戸時代に松江藩士が改良を重ね、独特の姿になったと伝わる。松平不昧も茶の湯だけでなく、いづもナンキンを愛した。部屋の天井に水槽を設け泳ぐ姿を楽しんだという。

趣味の時代——。不昧の生きた江戸後期は、人々が本業とは別に趣味を楽しみ、今でいうライフワークに目覚めた時代だった。上総《かずさ》生まれの商人伊能忠敬は測量で全国行脚し、初の全土の実測地図を完成させた。不昧と同年に死去。エレキテルを製作した讃岐の平賀源内も、この時代に多分野で活躍した鬼才だ。

◇　◇　◇

趣味に興じたのは諸国の藩主も同様だった。殿様趣味。庶民とは比べものにならないほど資金がありスケールは破格だ。相撲好き、乗馬好きといったところから築庭、古今の文物の収集、植物や鳥類の図鑑出版など多彩で十人十色だった。

不昧も金魚好き、相撲好きなど多趣味な人だったが、お茶は趣味の領域を大きく超えた。超一流の茶人だっただけでなく、名物茶道具の収集家、いわゆるコレクターだった。９００点超といわれる所有の茶道具をまとめた目録「雲州蔵帳」、名物茶道具を図説した「古今名物類聚《ここんめいぶつるいじゅう》」など、残した書物の評価が高い。

不昧が購入した代表的な茶道具の一つに茶入「油屋《あぶらや》肩衝《かたつき》」があるが、１５００両もした。現代の貨幣価値だと1億5千万円はくだらない。藩主引退後は、江戸大崎の2万2千坪の敷地に、屋敷や11の茶室を建て、余生を過ごした。現代の感覚だと途方もないぜいたくに映るが、松江歴史館の藤間寛学芸専門監は「藩主の趣味、暮らしはそういうもので不昧に限った話ではない」と語る。

出雲地方で守り育てられてきたいづもナンキン。愛好家の飼育池の中を純白のうろこを輝かせながら泳いでいる＝松江市菅田町

他に先駆けて西洋の科学に興味を持ち、西洋かぶれ、蘭癖《らんぺき》大名と呼ばれた藩主もいる。反射炉や溶鉱炉、洋式の船などを製造させた薩摩藩の島津斉彬《なりあきら》、鉄砲や大砲、医学の西洋化を目指した佐賀藩の鍋島直正ら。いち早く軍事力強化に成功し薩長土肥で倒幕を果たすとともに、彼らの殿様趣味が日本の近代化に果たした役割は大きい。

不昧の茶道具収集もまた、日本文化の発展に貢献した。日本文化を代表する「茶の湯」の発展に貢献した。折しも名物茶道具が大名家、武家から財力のある商人たちへ流れた時代。茶の湯の裾野の広がりは茶道具散逸の危機でもあった。不昧は豪商や道具商と頻繁に情報交換し、名物茶道具を買い求め、不昧没後も長らく松平家に保管された。江戸から明治の混乱を乗り越えて次代に伝わり、日本の宝は静かに守られた。

花の都・京都

文化熟成　憧れの地に

日本の歴史上、現代ほど、日本文化が世界で関心を持たれた時代はないだろう。その根源の地ともいえる京都は、かつてないにぎわいを見せる。２０１５年の観光客数は過去最高の５６８４万人を記録。特に外国人の姿が目立ち、花の都となっている。

松平不昧は松江藩主だった40年間で19回の参勤交代をこなし、江戸と国元・松江を往復した。途中には、この時代も花の都だった京都がある。これは西日本の藩主の特典だった。不昧のような芸術センスの高い人物にはなおさらで、参勤交代は〝おいしい〟旅だったのかもしれない。極めて律義にこなしている。

京都に立ち寄った不昧がどこに足を運んだのか、詳しくは分からない。江戸幕府は朝廷と藩主が結び付くのを嫌っており、京都の中心部に入るのははばかられたはずだ。ところが京都で羽を伸ばし、気軽にぶらぶらしたのではないかと思えるエピソードも残る。

不昧の京都、大坂での消息を記した「たれにげの文」では、京都の茶道の家元に茶を申し込んだところ身分に応じて金銀を要求された。水屋を見学したら整理整頓の行き届いていない物置のように茶道具があふれ返っていたとある。京都の大徳寺孤篷庵《こほうあん》の禅僧とも交流を育み、同庵焼失の際は再建に尽力している。

◇　◇　◇

「不昧は2、3日、余分に宿泊して京都を楽しんだかもしれません」と、当時の京都に詳しい野村美術館（京都市左京区南禅寺）の谷晃館長。「京都の料理からして普段、食べているのとはまるで違っただろう。漠とした憧れが身分を問わずあったと思う」と話す。

不昧の生きた江戸時代後期、京都は文化の花が咲き、今に伝わるきらびやかで華やかなイメージを形づくった。京料理、京焼、西陣織、日本画……。長らく「上等は中国からの輸入品」とされた時代を脱し、多分野で技術的にも芸術的にも独自色を打ち出し始めた。京

鴨川の納涼床に明かりがともると、夜の古都は一段とにぎやかさを増した＝京都市東山区弁財天町

都のおしろいや紅も女性に好まれ、現在のパリやミラノのようなファッションの発信地でもあった。

政治の中心地ではなくなっていたが、創造力にあふれていた。そんな花の都の息遣いを感じ、不昧は松江で独自の和菓子や陶器を作らせた。そのスタイルは質素にして優美で格調高い。後に「不昧公好み」と呼ばれることになる。

松平不昧が禅僧と交流した大徳寺孤篷庵。江戸後期に焼失した不昧の茶室の再建も進められている＝京都市北区紫野大徳寺町

財界の大物

文化財保護精神を継承

松平不昧が没して約50年後、明治維新を迎えた。武士のたしなみとして発展した茶道は、武士階級の消滅で危機を迎えた。このとき茶道の一翼を担ったのが財界人たちだった。

◇　◇　◇

明治の財界に〝大物〟がいた。益田鈍翁《どんのう》（1848～1938年）。三井財閥の大番頭で明治、大正、昭和の三つの時代に活躍した。三井物産の創業に関わり貿易業に進出するとともに、総合商社というビジネスモデルを構築。日本経済を動かした。「情報もビジネスに」という狙いで現在の日本経済新聞も創刊した。

不昧を尊敬する茶人でもあった。関東大震災の傷痕が生々しかった1925年、流派を問わない不昧流研究会が設立され、その中で茶会などを取り仕切った。単なる茶人ではなく、900点超の茶道具収集と管理、研究に没頭した不昧の精神に共鳴したらしい。

仙台藩の伊達綱村のように1600点超の茶道具を収集した藩主もいたが、不昧が「大名茶人」と称されるのは、文化財保護の観点を持ち合わせたからだ。普通、茶人は購入した茶道具を披露するものだが、不昧は茶入「油屋肩衝《あぶらやかたつき》」や印可状「圜悟墨蹟《えんごのぼくせき》」など、名品中の名品は国の宝として披露せず管理に徹した。

◇　◇　◇

鈍翁は仏教美術の収集に力を入れた。背景に寺院、仏像や仏具の破壊が全国的に行われた、明治初年の廃仏毀釈《はいぶつきしゃく》運動があった。海外へ流れる仏教美術品の数々。自ら購入し防ごうとした。茶道具の散逸を危惧した不昧とも共通する。

一方、不昧とは対照的に収集品をより多くの人に見せたい人でもあった。かつて古刹で使われた仏画や香炉などを買い求めては、茶会で披露した。仏教美術が茶会で使われるようになったのは鈍翁がルーツ。従来、数人程度が参加していた茶事から、今の松江城大茶会のような、多数を招く大寄せの茶会を発展させたのも鈍翁からだ。

鈍翁の企画展を開催した五島美術館（東京都世田谷区上野毛）の名児耶《なごや》明副館長は「政財界の一流どころに見せて、自慢したかったのでしょう」と語る。茶道の楽しさには純粋だった。

現在、鈍翁の息遣いがうかがえるのは、大正時代の初めに建設した神奈川県箱根町強羅の「白雲洞茶苑《はくうんどうちゃえん》」など少ない。農家の古材を使い当時、流行したという田舎風の茶室が、ひっそりと功績をたたえている。

松平不昧と同じ東京・護国寺にある墓地の脇に立つ益田鈍翁の胸像＝東京都文京区大塚5丁目

益田鈍翁　新潟県佐渡島出身。空海（弘法大師）の書を入手したのをきっかけに今も続く茶会「大師会」を組織した。禅宗主体の茶道に密教美術などを取り入れ幅を広げた。茶会を政財界の社交場とし、益田主宰の茶会に招待されることが名士の資格とされるほど名声を誇った。製糸業で名をはせた原三渓、渦巻きポンプでいち早く機械工業分野の国産化を果たした畠山即翁ら、後に続く実業家茶人にも影響を与えた。

深山の趣をたたえた白雲洞茶苑。中央奥のかやぶきの茶室・白雲洞は近代の数寄者や茶人の間に流行した「田舎家の席」の代表例として知られる＝神奈川県箱根町強羅、強羅公園

現代目線

気軽なお茶に存在感

歴女――。伊達政宗や土方歳三など、戦国や幕末の歴史人物に憧れる女性たちを指す言葉で、２００９年ごろに話題になった。東京都心部のバーが歴女ブームの発信地となり、今も活動は続く。専門研究にとらわれず現代の感覚を生かして日本史や日本文化を捉える。そこに茶道も入っている。

◇　◇　◇

東京都千代田区神田駿河台の雑居ビル内に、広さ30畳の一室「レキシズルスペース」があり、同じビルに「レキシズルバー」がある。若者がお酒を飲み、歴史を語らう拠点だ。

松平不昧が生きた時代は江戸後期。明治維新より約50年早く、平和だった。戦国や幕末のような劇的展開に乏しく、地味な時代に映るがレキシズルの主宰者・渡部麗さんの見解は異なる。

「江戸時代でも異質なほど華やかで、一種のバブルだった」。老中・田沼意次の貨幣経済が富と活気、権力の腐敗をもたらす中で、江戸文化の醸成が一気に進んだ。しかし、田沼の失脚とともに極端な緊縮財政となり、世は停滞した。不昧の治世は極端から極端へ揺れた時代と重なる。

◇　◇　◇

昨年6月の週末、午後7時を過ぎたころ、着物姿の男女が続々と訪れ、レキシズルスペースは十数人の来客で埋まった。この日のプログラムは和太鼓演奏と茶道だった。茶道のプレゼンテーションとお点前の実演をしたのは小松和弘さん（埼玉県行田市、自営業）で、「ポップ茶道」の提唱者でもある。

ポップと銘打つのは、お点前のやり方は自由で、茶わんの代わりにコーヒーカップ、茶しゃくはマドラーでと何でもありだからだ。

小松さんは裏千家で18年間、稽古を続ける。書や花、茶わんやお香など日本文化を一体的に学べる茶道に魅力を感じる一方で、敷居の高さや堅苦しさ、難しさが

市松模様の畳に着流し姿の参加者を集めて始まったポップ茶道。「僕たち、ちょっと斜めを狙ってます」＝東京都千代田区神田駿河台、レキシズルスペース

ポップ茶道を始めた背景にある。「本来、お茶はおいしく楽しく飲めればいいのではないか」

２０１５年春に所用で松江市を訪れた。松江市民が居間に縁側にと、日常的に抹茶を楽しむと聞いて驚いたという。原点をたどっているうちに、松江と不昧の深い関係を知った。

不昧のお茶は気軽ではなかったが「お茶は湯を沸かして飲む。ただそれだけ」という言葉を残す。型に縛られず時代に合ったお茶を模索した。海外でも抹茶が好まれる一方、ペットボトル飲料の普及など、ライフスタイルも様変わりした、２００年後の今をどう見るだろうか。

二つの茶どころ

〝旗印〟必要だった松江

北陸新幹線は２０１５年に開業した。東京と金沢市は約２時間半で結ばれ、観光客数は飛躍的に増えた。日本海側、城下町、文化都市、茶どころなど、金沢、松江両市に共通項は多い。しかし、お茶文化の発展史は全く別物で、松江の場合、松平不昧という〝旗印〟がいかに必要だったかを思い知らされる。

◇◇◇

人口46万人の金沢市内に２００の茶室があるといわれる。釜、陶器、漆器など、茶道で必要な道具は全て、市内で一級の品々が作られ工芸王国の異名を取る。加賀友禅、金ぱくなども知られたブランドだ。

金沢は「闘う文化都市」だ。この地を治めた加賀藩主の前田家は全国最大の大大名で、今でも「加賀百万石」と称される。戦国武将・前田利家が藩の基礎を築いた。利家は戦場で武勇を誇る一方、能の名手、茶の湯は茶聖・千利休と交流する粋人だった。

しかし天下人・豊臣秀吉と利家が相次ぎ没すると、利家と肩を並べる存在だった徳川家康が台頭。「おまつ様」の名で慕われた利家の正妻・芳春院は江戸に人質に行った。屈辱的な外交の末、徳川に下った歴史が、今に至るこの都市の性格を決めたのかもしれない。「武力で徳川に勝てなくても文化では勝つ」

利家に端を発する風流な家風は受け継がれ、藩内に浸透した。武士の教養だった能、邦楽が隆盛となり、庶民がたしなむという意味で「庭師も謡をする」という逸話がある。

茶道は利休のひ孫で裏千家を興した千仙叟宗室《せんのせんそうそうしつ》が、金沢と京都を往復しながら40年にわたり前田家に仕え普及させた。金沢市内の裏千家今日庵業躰《ぎょうてい》・奈良宗久さんは「利家は利休の弟子。千家の茶道を心のよりどころとして広める藩全体の共通認識があったのだろう」と話す。

文化度の高さの一端がうかがえるのは、町人たちの交流の場だったお茶屋。芸妓が披露する歌舞音曲や茶の湯、俳諧など楽しみ方は多彩で、客側にも教養が求められ、知らなければ、やぼとされた。

世の移ろいで粋な客は減ってしまったが現在、市内

裏千家今日庵業躰・奈良宗久さん（左から２人目）の指導の下、稽古する市民。藩主・前田家の家風もあり、茶道はこの地に根付いた
＝金沢市大手町、教場好古庵

にはお茶屋を活用した喫茶スペースが点在。新幹線が通り発展が期待される金沢の、お茶と観光客を結ぶ接点となっている。

◇　◇　◇

加賀藩が外様の大藩だったのに比べ、松江藩は親藩で徳川に対する屈折した感情もない。不昧も茶道の普及という概念は薄かったようだ。茶どころ松江のイメージは不昧を象徴とし後世の人々がつくり上げた部分が大きい。「不昧公好み」を切り口に松江のお茶を考える。

金沢のお茶屋でよく見られる、べんがらの赤い床の間を背に抹茶を楽しむ観光客。北陸新幹線が通り交流人口も拡大。お茶屋を活用した喫茶スペースが「茶どころ」を感じさせる空間となっている
＝金沢市東山1丁目、志摩

三大名菓

半世紀の空白経て復刻

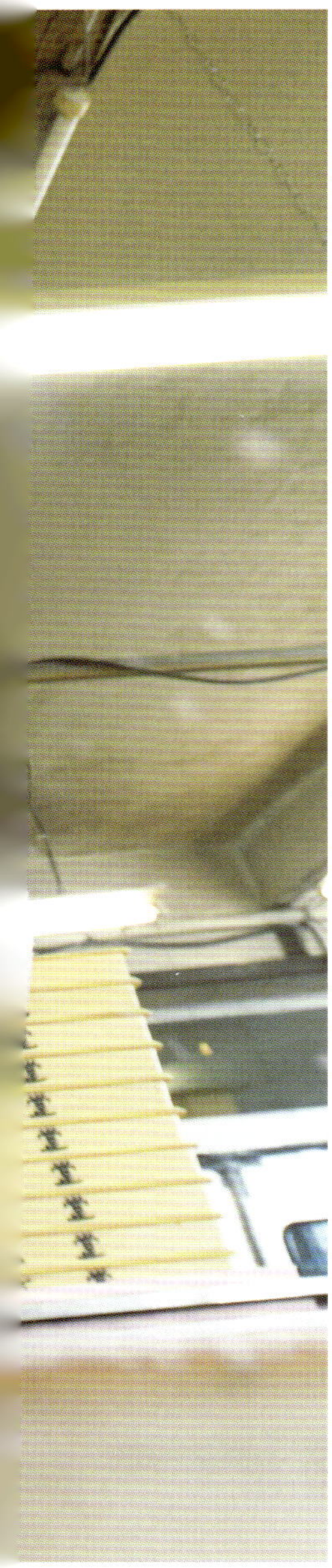

薄紅と白の2色の落雁《らくがん》。薄紅は紅葉、白は渓流の水に見立てた。薄紅を白の上に置けば落ちしなの紅葉が川面に浮く初秋、白が上なら紅葉が沈み晩秋を意味するという。口溶けは良く後を引かない。どこまでも抹茶に適する。「山川」は「不昧公好み」の代名詞の付く典型的な和菓子で、日本三大名菓に数えられる。

◇　◇　◇

この山川は、現在目にしているものと全く違う和菓子だった可能性がある。季節の移ろいを2色で表現する粋な物語設定も後付けなのかもしれない。

というのも、一度、途絶えているからだ。不昧は松江藩内の菓子職人を江戸に送り、山川の製造技術を学ばせた。帰国後に松江で作られるようにはなったが、幕末、技術は受け継がれず、山川は忘れられた。

再び光が当たったのは幕末から約50年後だった。「不昧が開いた茶事の記録に『山川』とある。作ってもらえないか」。1916年の不昧没後100年を前に、一つの企画が持ち上がった。依頼主は当時の市民や文化人らでつくる「どうだら会」のメンバーで、受けたのは和菓子店「風流堂」（松江市白潟本町）。道具も知識もないところから、山川作りが始まった。

原料の寒梅粉作りに苦労したという。もち米を煎餅のように焼き上げた後、臼でひいて粉にするのだが加減が難しかったと伝わる。試行錯誤の末、今の山川の原型が完成し、企画は大成功だった。何より売れた。不昧再評価の機運に乗り注文が殺到。製造が追い付かず、まだひきたて熱々の寒梅粉で山川を作り、熱々のまま販売した逸話も残る。

◇　◇　◇

誰が呼んだか、いつしか山川は「長生殿」（金沢市）、「越の雪」（新潟県長岡市）とで日本三大名菓となった。全て落雁。風流堂の内藤守社長は「三大名菓なのかはともかく、落雁の分類法としては面白い」と語る。極端に硬い長生殿、「雪」の名の通り、極端に崩れやすい越の雪、山川は極端に軟らかい。落雁においてそれぞれハード系、ぱらぱら系、ソフト系の頂点に立つ。

軟らかさゆえ、製造には季節や湿度に応じた水分量の調整という山川独特の難しさがある。菓子職人の勘と経験に基づく手仕事に支えられる。食べごろは製造

寒梅粉と砂糖をこねてふるいにかけ、山川の型に落とす和菓子職人。粉に触れただけで「その時々の水分量の違いが数％単位で分かる」という職人技で、湿度に敏感な落雁は作り上げられていく＝松江市矢田町、風流堂本社工場

日から3～5日と生菓子のようなはかなさ。口にするとサッと消え去る食感といい、いかにも不昧が好みそうな和菓子に仕上がった。

不昧公好みの和菓子

「若草」「山川」「菜種の里」が知られ、松江を代表する銘菓となっている。いずれも幕末、明治維新のころに製造技術が失われたが、明治中期以降に復刻された。不昧の時代の茶道は招く客が少なかったため、菓子は手作りされた可能性が高く、餅やまんじゅうのようなシンプルなものが多い。不昧は職人を江戸に派遣し作り方を学ばせるなど、いち早く菓子に目を向けた茶人だったと言える。

不昧ゆかりの銘菓として受け継がれる（手前から時計回りに）山川、若草、菜種の里

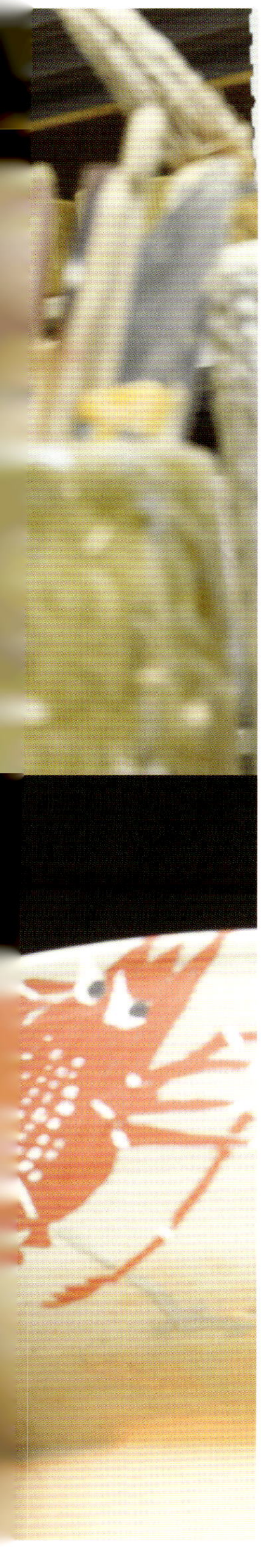

御用窯

不器用と端正　異なる美

1953年、今の松江市玉湯町で開かれた作陶講習で、まだ10代だった布志名焼雲善窯（松江市玉湯町布志名）の当代・土屋善四郎さんは、講師の英国人陶芸家の技に目を見張った。大柄な体でぎこちなく土をこね、ろくろを回すしぐさは器用ではない。しかし、不器用な手が生み出す作品には、柔らかさと独特の味わいがあった。

英国人はバーナード・リーチ。暮らしの中で使われてきた素朴な日用品に美を求め活用する、日本の民芸運動の大家だった。

リーチの存在は、土屋さんに松平不昧と、不昧の時代を生きた雲善窯の2代・善四郎とのやりとりを思い起こさせる。

2代・善四郎は器用で無類の名工とされた人物。不昧はその腕を高く評価したが、器用さは面白みのなさにもつながり、気に入らない。「不器用に柔らかく」。そんな指示を出していたことが雲善窯に残る史料からうかがえるという。

土屋さんは「美しさに対するリーチと不昧の考え方、感じ方は奥底で通じていた」と実感する。「早く正確に同じ物を大量に」が良い職人の条件とされる一方、2人の〝芸術家〟が突き付けた課題は、つかみどころがなく今なお重い。

◇　◇　◇

不昧の時代に松江藩の御用窯だった窯元で、現在残っているのは布志名焼雲善窯と楽山窯（松江市西川津町）。茶道用陶器を作ってきたが明治維新で藩がなくなり、ともに困窮した。雲善窯が民芸運動とも結び付いたのに対し、楽山窯は模索期はあっても従来型を踏襲し、維新後の歩みは対照的だった。

不昧は二つの御用窯を使い分けた節がある。雲善窯にはまとまった量の陶器を発注したが、楽山窯は量産ではなく、ただ個人の好みを追求するプライベート窯の性格を持たせたようだ。違いは不昧の指示書に表れた。雲善窯に対しては大きさ、形、色を細かく指定。楽山窯には自身の和歌を引き合いに「花入れを作れ」など大ざっぱだった。

不昧と、指示を受ける側だった楽山窯5代・長岡住右衛門とのやりとりは分からないが、残された茶わんからは端正で一歩引いた控えめな気品がうかがえるという。不器用の美を求めた雲善窯に対してとも違う。

不昧は表面的には京風の洗練を持ち込んだといえるが、その先は広くて深い。楽山窯当代の長岡空郷さんは「没後100年、150年、2018年の200年。節目に当たった職人は、不昧に引き戻される」と語る。そして美の巨星の感性と向き合う。

松平不昧ゆかりの窯元を受け継ぐ楽山窯（松江市西川津町）の１２代長岡空郷さん（上）と布志名焼雲善窯（同市玉湯町布志名）の９代土屋善四郎さん

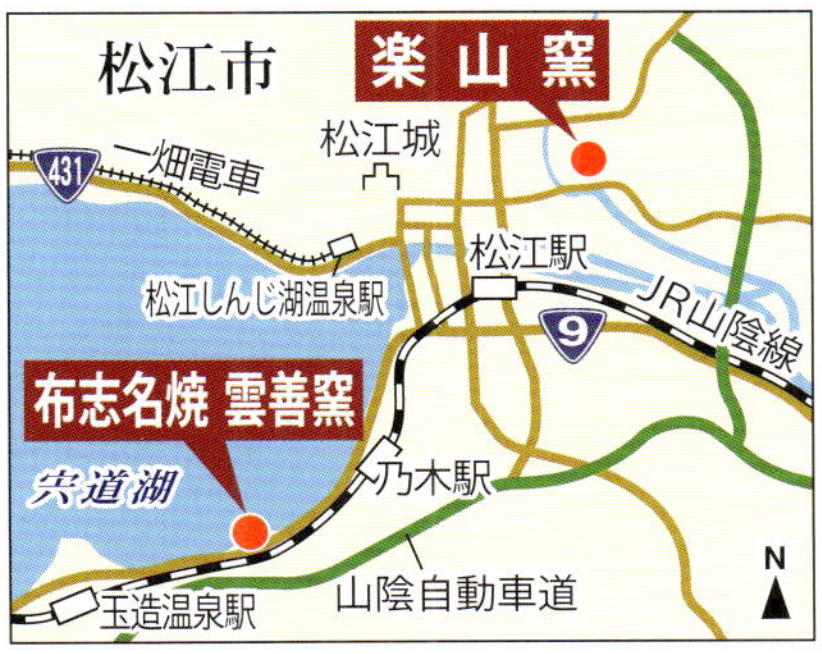

流転の茶室

心通わせた空間を今に

明々庵（松江市北堀町）は、松平不昧が29歳の時に初めて建てた茶室とされる。広さ2畳に点前座が加わっただけと小さく、一度に招ける客は最大5人ほど。不特定多数を招く大寄せの茶会が発展し茶道が様変わりした今、小さな明々庵は逆に新鮮に映る。

◇◇◇

不昧が藩主を引退後、江戸・大崎の下屋敷に11もの茶室を構えたことを思えば、明々庵はささやかな始まりだったのかもしれない。

一般的な茶室は切り妻造りの檜皮《ひわだ》ぶきなのに対し、明々庵は厚いかやぶきの入り母屋造りで、雨や雪の多い山陰の気候に配慮した。茶室の狭さからくる圧迫感解消のため、当時は定石とされた中柱を建てなかった。炉は客畳ではなく点前畳に切る「向こう切り」で、床の間の奥行きも浅い。不昧の自由自在な感性を示す。

ただ不昧の茶室は、不昧よりさらに２００年前を生きた茶聖・千利休の思想を踏襲し、逸脱はしていない。不昧の茶室を研究する米子工業高等専門学校の和田嘉宥名誉教授（建築史家）は「不昧独特の工夫はあっても『利休に帰れ』が思いの原点だったのだろう」と分析する。

利休は茶室の広さを究極の2畳まで縮め、亭主と客の距離を狭めた。大広間のにぎやかなお茶とかけ離れた静寂の中で、膝と膝を突き合わせて対話を重ねる。不昧もそういうお茶を好み極小な茶室での茶事が多い。

◇◇◇

不昧の時代と現代の間に明治維新の伝統文化軽視の時期を挟む。茶道はかつては考えられなかった女性の花嫁修業として普及し、生き残った。習い事の側面が強まったといえる。その過程で明々庵のような茶室でのお茶は狭過ぎて、時代に合わなくなった。

そんな中、かつてのお茶に魅力を感じ、再現する試みも続けられている。松江市雑賀町の自営業・沢田暉夫さんは15年前、同市上乃木8丁目の自身所有のビルの一室に茶室「十方庵」を設けた。不昧が尊敬した利休の孫・千宗旦《そうたん》が考案した間取りで、広さ3畳と狭い。沢田さんは茶道歴約50年のベテランで年数回、十方庵

秋雨に洗われた明々庵。わずか２畳の極小茶室が松平不昧の茶の湯の精神を伝える＝松江市北堀町

で茶事を開き稽古もする。「ここでの主客の関係は予定調和ではなく、ジャズのように当意即妙。そこが面白い」と語る。

不昧が好んだ明々庵は没後、松江から東京の原宿、四谷、さらに松江に里帰りし戦時中は荒廃した。流転の旅の末に今の場所に落ち着いたのは１９６６年。かつて武士らが織りなし心を通わせた、男の茶の湯の姿を伝えている。

松平不昧の茶室　「不昧が造営し、好みの茶室として知られるのは明々庵と、42歳ごろに建てた菅田庵（松江市菅田町）などがある。茶会を頻繁に催し茶道に打ち込んだのは藩主引退後の56歳以降で、江戸・大崎の下屋敷に11の茶室を建てた。特に好んだとされるのが、千利休伝来の一畳台目の極小茶室「独楽庵《どくらくあん》」。他に富士山を望める富士見台《ふじみだい》、秋の紅葉を楽しむ紅葉台《もみじだい》など、個性的な茶室があった。下屋敷は不昧没後、黒船来航の際に幕府が大砲の台場としたため、取り壊された。

ビルの中に設けられた檜皮ぶきの茶室「十方庵」。市街地の騒がしさから離れた茶室で、茶道愛好者が稽古に励む＝松江市上乃木８丁目、茶山ビル

そばの殿様

独特の風味好んだ通

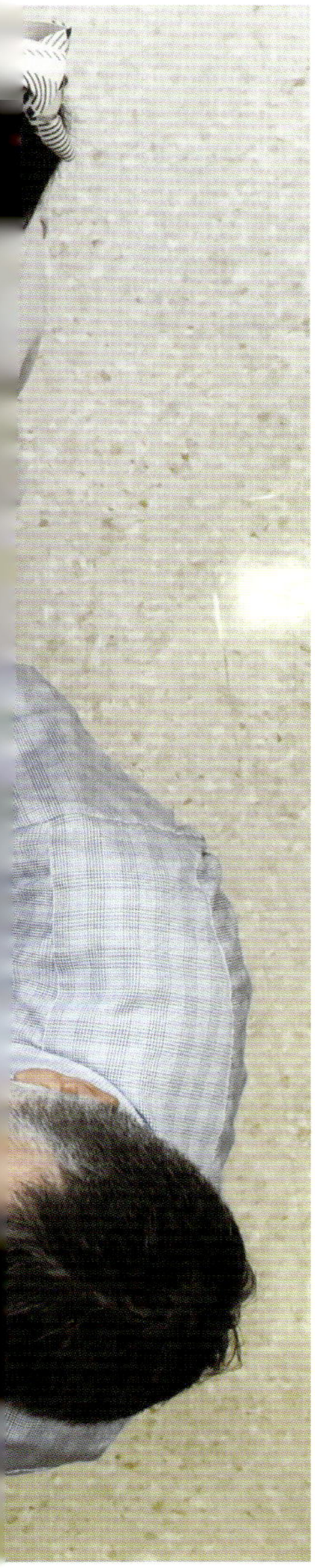

江戸の古典落語に「そばの殿様」という演目がある。そば打ちに目覚めた殿様が、この上なくまずいそばを連日、家臣たちに食べさせ苦しめる話。「上様のそばを食べるぐらいなら切腹を」と訴える家臣に、「そのような不届き者は手打ちに致す」と殿様激怒の落ちが付く。殿様のモデルが松平不昧という。

そばの殿様は現在、上演機会は少ないが、殿様の食に関しては人気演目「目黒のさんま」がある。殿様が庶民の食材のサンマを食べたいと家臣を困らせる。このモデルも不昧らしい。松江市南田町の落語家・春雨や落雷さんのおはこで「落語の殿様は品が良く家臣思いだが間が抜けていて憎めない」と語る。

寄席に客を集める落語形態は不昧の頃に始まった。不昧町人が主な客で、藩主で笑いを取る演目も多い。不昧のイメージは江戸の人々に魅力的に映ったようだ。粋な文化人で食通、好奇心旺盛。そこに生真面目、育ちが良すぎて空気が読めないという仮定の要素を盛り込み、落語にしたわけだ。

◇　◇　◇

本当の不昧は筋金入りのそば通だった。茶事でそば湯、そば皮まんじゅうを出した記録が残る。この変化球は現代のそば通にも心憎い。そば湯には冬場の客への配慮、そば皮まんじゅうはそばの香ばしさを楽しむ趣向。出雲そばを研究する出雲市荒茅町の川上正夫さん（自営業）は「ただのそば好きなら、麺の良しあしの話で済む。不昧はそば全体の魅力を熟知していた」と話す。

参勤交代で江戸と松江を往復した不昧は2種類のそばを食した。まず江戸のそば。江戸は徳川家康が急ごしらえした人工都市で、そばは郷土料理でなく、いきなり建設労働者らのための外食産業の商品だった。ゆえに見た目と食べやすさ重視で、ソバの実の外皮を取り除いてから打った。麺は白く細長く、喉越しも良い。飲むように食べる感覚だ。

もう一つが郷土色豊かな出雲そば。外皮ごとひき、麺の色は黒っぽく喉越しは重要ではない。不昧は出雲そばの方を好んだようだ。外皮が生み出すそば独特の風味を大切にした。「そばは、よくかんで食べるように」と語ったとも伝わる。

丸い漆器に入った割子そば。外皮ごとひいたそば粉が生む黒っぽい色と独特の風味が出雲地方の名物だ＝松江市白潟本町、松本蕎麦店

◇◇◇

丸い漆器を重ねる出雲そばの「割子そば」は不昧好みを基調に、明治時代末に誕生したという。華やかで異彩を放つ。しかし、そばの製法と情報網が発達した現在、大都市・東京の嗜好と無縁ではいられない。そばに目がなかった不昧。今の出雲そばを気に入るのか、それとも「手打ちに致す」なのか、どちらだろうか。

松江藩と関係が深い櫻井家に残る江戸時代後期の割子そばの器（左下）。丸い器が明治末期に誕生するまでは四角い形が使われていた＝島根県奥出雲町下阿井、可部屋集成館

出雲流庭園

機能美重視　茶道と密接

松江松平藩は築庭に関心が薄かったようだ。統治した島根県東部には、兼六園（金沢市）や後楽園（岡山市）のような武家ゆかりの名園はない。かといって庭園文化不毛の地でもない。独特の出雲流庭園が根付きその数３００ともいう。主に豪農・豪商ら武士以外の富裕層が築庭した。庭のルーツに松平不昧の存在がある。

◇　◇　◇

出雲市斐川町原鹿《はらしか》に旧豪農屋敷がある。江戸中期から終戦後の農地改革実施まで県内屈指の豪農だった原鹿江角家の屋敷。典型的な出雲流庭園も備える。

枯れ山水で庭一面に白砂が敷き詰められている。門を入ると多彩な飛び石と短冊石がリズムよく連なる。今はないが門から50メートル離れた茶室へ客をいざなった。盆栽のように美しく刈り込まれた黒松と地元の来待石の灯籠を左右に配置。客の目を楽しませたのだろう。

二つ並んだ短冊石は長さ４・６メートル、幅30センチの御影石。巨石を中国山地から切り出し運んだという。庭園の所有は財力を誇示する意味合いもあり、原鹿江角家の繁栄ぶりを表している。

出雲流庭園は、不昧が京都から招いた庭師・沢玄丹が考案したと伝わる。築庭が始まるのは、農民や商人が財力を手にし始める１７００年代後半以降で、不昧の治世の時期と重なる。

例外はあるが出雲流庭園の定義は回遊式で庭に入れる、枯れ山水、来待石を使用、黒松を植栽の４点。

飛び石の高さも特徴で白砂の地面から10センチはある。通常の日本庭園ではもっと低く、苔《こけ》が伸びて石と同じ高さになる場合が多い。石と石の間隔は歩幅にして60センチ程度と狭い。山陰の雨や雪に配慮し、着物でも歩きやすくしたという。機能美と実用性重視の庭だ。

◇　◇　◇

雨や雪の多い地域は他にもある。しかし島根県東部だけ出雲流庭園が発展した背景に、この地で盛んな茶道との密接な関係がある。

「出雲流庭園は部屋から眺めるだけでなく、茶室への導線。そこに工夫の余地が生じた」と、日本造園修

松平不昧がルーツといわれる出雲流庭園。原鹿江角家の旧豪農屋敷がその典型だ＝出雲市斐川町原鹿

景協会島根県支部の林秀樹支部長は説明する。風雪に耐える黒松のたたずまい、年月とともにこけむし、姿を変える来待石の灯籠も茶道のわび・さびの思想に通じる。

出雲流庭園は1930年代まで盛んに造られたが、農地改革や北前船の衰退で豪農・豪商らが消えるとともに減少した。多大な維持費に加え現代は生活が洋式化。担い手の高齢化や松くい虫被害もある。日常的に抹茶を飲む風習とともに、不昧の威光を感じさせるこの庭は、存続へ向けた課題が山積している。

地元有志が管理を続けながら今も大切に守られている旧豪農屋敷。一般公開され、入場は無料

総合力

憧れや敬慕　独自性育む

茶道は各種商業に支えられる。茶商、道具商、和菓子店、料理店、呉服店……。松江はお茶関連の商業が振興するとともに、煎茶ではなく抹茶中心という全国でも珍しい発展経過をたどった。根源に松平不昧への憧れがあるのだろう。

◇　◇　◇

不昧が没し50年後、明治維新を迎えた。江戸時代、ぜいたく品として禁じられたお茶を庶民も飲めるようになり底辺は広がった。今は老舗とされる商店も、明治時代の創業が多い。

松江市天神町の茶商・中村茶舗も老舗で創業は１８８４（明治17）年。初代の中村末吉氏は京都の茶問屋から分家し、松江を新規出店先に選んだ。

事前調査で松江はお茶がよく売れると判断した。「京都よりも濃くてしっかりした味のお茶」という人々の好みも把握。お茶は当時、高級品だったが販売は好調だった。

武家そのものや、武家のたしなみのお茶に庶民が憧れたのは全国共通。お茶が解禁になると人々は買い求めた。しかし、最初は抹茶でもやがて煎茶に移行した。中村茶舗の中村寿男社長は「茶道という礼法と結び付いたことが抹茶の敷居を高くし、敬遠されたのでは」とみる。

そのまま抹茶が残った松江や島根県東部は例外だ。これは不昧とは無縁ではないだろう。大名茶人に対する、ひとしおの憧れや敬慕の念が抹茶中心のお茶文化を育んだのではないか。

◇　◇　◇

抹茶と茶道を切り離すと抹茶は別の顔を見せる。２０００年代に入り世界的な抹茶ブームが到来。食材として好まれている。

松江市学園南1丁目にある日本茶カフェ「スカラベ１３６」は２００８年、茶製造の千茶荘（松江市末次本町）がオープンさせた。抹茶のパフェやアイスクリームがメニューの主力だ。

原田由美常務はブームの中で「人工の着色料や香料を使っている事例もあり、いい抹茶なら可能性があると感じた」とオープン時を振り返る。松江のお茶文化

抹茶が中心の茶の湯文化を築いてきた松江。和洋融合スタイルの日本茶カフェで女性たちがスイーツを楽しんでいた＝松江市学園南１丁目、スカラベ１３６

の中で培ったノウハウが、新規事業に生きた。

２００年前を生きた不昧に、松江の産業、文化振興の構想があったかは分からない。しかし広い文化的裾野を必要とする茶道を入り口に、多彩な種をまいた。その功績を後の市民らが紡ぎ、松江は「お茶の町」という個性を獲得した。不昧公好みの名の下に。

町屋造りの店構えが松江城下の町並みに溶け込む、創業 133 年の中村茶舗＝松江市天神町

文化の担い手

後進性打破に全力注ぐ

松平不昧の時代は太平の世が続き、藩主にとって本拠地が江戸、国元は勤務地という感覚に近かった。不昧は40年間で19回参勤交代し、たびたび赴いた松江をどう思っていたのか。江戸と比べ後進的な松江に時に退屈したようだ。

茶道の弟子だった福知山藩主・朽木昌綱に手紙を送っている。軽い気持ちだったのだろう。茶道について書き、趣旨は「ここはことさらに田舎で客と申す者もない。心得のある家来がいても、いつも同じ顔触れで客心もない」。

不昧が頻繁に茶会を催したのは隠居し、江戸・大崎の下屋敷で暮らしてから。身分を問わず豪商や文化人も招いた。大都市に多数いるお茶の心得のある客が松江では少ない。茶道具類の価値が伝わりにくい。不満はあったようだ。

不昧が没し約１５０年後、茶道文化の普及に尽くした人物がいた。松江藩の３大鉄師の一つ田部家の23代当主・田部長右衛門朋之氏（１９０６〜１９７９年）。日本有数の山林地主として家業の近代化を図り１９５９年から3期、島根県知事も務めた。政治、行政、経済と多分野で縦横無尽に生きた。

武家の出だった祖父に「武士の生き方とは」と薫陶を受け続けた。旺盛だった奉仕の精神が根底にある。知事在職中のスローガンは「島根の後進性の打破」。基盤整備などに尽力した。

芸術、文化の人でもあった。書画、彫刻、陶芸作品を多く残し、茶道の貢献もある。「文化のないところに発展はない。そんな思いがあったのではないか」と朋之氏の孫に当たる、当代・田部長右衛門真孝氏（山陰中央テレビジョン放送社長）。

朋之氏は不昧に言及していない。しかし語らずとも姿勢は見える。没後１５０年（１９６６年）の記念事業を陣頭指揮し、不昧がこよなく愛した茶室・明々庵（松江市北堀町）を再建させた。

◇　◇　◇

２０１７年10月中旬、明々庵近くの田部美術館で茶会が開かれ、独創的な茶器が並んだ。同美術館は

松露亭の雅号を持ち、陶芸や茶の湯文化の発展を目指した田部家23代の朋之氏。氏が設けた田部美術館で、市民が茶会を楽しんでいた＝松江市北堀町

1979年、朋之氏が開館させ、田部家伝来の美術品などを所蔵。朋之氏は市民に鑑賞されることを望んだ。茶会は陶芸家の育成を目的とした田部美術館大賞「茶の湯の造形展」の出品者らが、自作を持ち寄り、取り仕切った。

時代は流れ、朋之氏のような強烈なリーダーシップの持ち主は現れにくくなった。しかし、文化の裾野は広がり、後進性の打破という、終わりなき課題解消へ、静かな歩みが続く。

田部長右衛門朋之　田部家の当主として家業に携わる傍ら、多方面で精力的に活動し島根県の発展に貢献した。戦前は私財を投じ出雲市に松乃舎病院（現県立中央病院）を設立。島根新聞社（現山陰中央新報社）を創立し社長となるなど、地元資本による地方紙の存続に寄与した。島根県知事時代には道路、鉄道、空港の基盤整備や斐伊川治水基本構想の策定、大学医学部や国体の誘致などを行った。松露亭と号し、陶芸などの作品を創作。芸術振興や後継者育成など、文化面でも終生、情熱を傾けた。

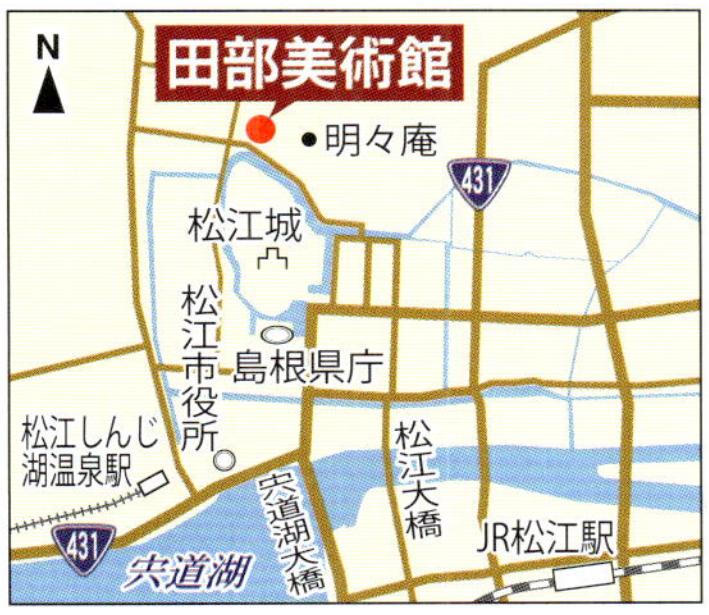

藩主の御成

〝おもてなし〟の根源に

藩主は不思議な存在だ。松平不昧の孫で9代藩主の斉貴《なりたけ》の時代、松江の町人が残した日記がある。江戸からの斉貴のお国入りは領民たちを歓喜させ、当日は行列見たさに数万人の人が押し寄せたという。

斉貴が予定より早く江戸に戻ると聞けば、国中が悲嘆に暮れたという。藩主は雲の上の存在でありながら、肉親との出会いと別れに一喜一憂するような素朴な反応が垣間見える。

不昧が16歳で初めて国元・松江に入った時、感涙する領民も大勢いたという。藩は財政危機な上、不昧の父・宗衍《むねのぶ》はあまり松江に帰らず、領民に寂しい思いをさせていた。若き不昧のお国入りが、沈滞ムードを一変させたのだろう。

◇　◇　◇

お国入りした藩主は御成《おなり》と称して領内を視察する。どの藩主がとりわけ熱心だったかは分からないが、不昧はほぼ規則通り40年間で19回もの参勤交代をし、仕事には律義。だからこそ御成も必要だった。行く先々の商家や豪農から、参勤交代の費用を献金させた。

迎える側は大変だ。藩主ほか１００人の家来を受け入れる。滞在期間中は近隣の民家も含め屋敷全体を「本陣」として明け渡す。

不昧は１８０３年秋、松江藩三大鉄師の一つ櫻井家（島根県奥出雲町上阿井）を訪れた。紅葉狩りが目的だったらしい。同家には初の藩主の御成で庭に滝を造った。普通の座敷より一段高いところに、9畳と10畳の御成座敷をしつらえた。床の間には狩野派絵師の掛け軸。膳は松平家の家紋入りの漆器……。何から何まで別世界の話だっただろう。

櫻井家当主の櫻井三郎右衛門さんは「松江藩のお抱え大工を招き対応した。不昧が松江にいる時と同程度に過ごせるよう腐心したようだ」と話す。

不昧もめでたと伝わる櫻井家の紅葉。右は不昧の御成に合わせてしつらえた「岩浪」の滝＝島根県奥出雲町上阿井

受け入れ側の経済負担が大き過ぎるようだが、厳格な階級社会だった江戸時代ではそうでもないらしい。「大きな名誉を得た」と出雲文化伝承館の藤間亨名誉館長（出雲市大社町杵築南）。藩主にお目通りを許される。それ以前に武士でなければ入れない松江城で、屋敷を本陣にするよう命令される、そもそも藩から「本陣に」と声が掛かる。名誉だった。背景には武家への永遠の憧れ。

　不昧は藩財政を立ち直らせ、豊かさをもたらした藩主だっただけに、招く誇りもなおさらだったのだろう。不昧の御成の足取りは、各地に武家文化の格調と気品をもたらし、今に通じる出雲のおもてなしを波及させた。

松江藩内の主な本陣と休憩所

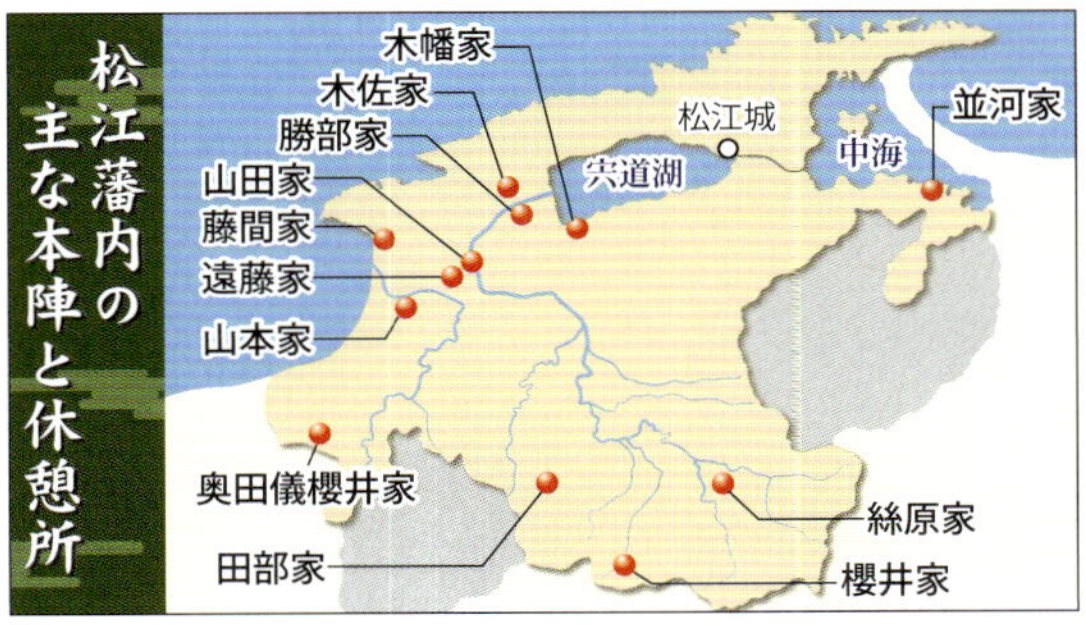

本陣　一般的には参勤交代の途中で大名が泊まる宿。松江藩内では藩主が不定期に利用した宿舎を指す。当初は公設建物だったが、江戸時代後期になると庶民の経済力が向上し、主要街道沿いの大型の民家が充てられた。本陣側は御成の前後に藩の要人に金券を配る、武家仕様の建物整備、各種調度品の新調など負担を強いられた。一方で藩主のくぐる御成門の築造や、庶民には禁止されていた築庭が認められるなど、特別な計らいもあった。

茶どころ

豊かな環境に安住せず

茶道は都会で育まれた。松平不昧は、江戸や京都のお茶を松江に持ち込んだ。茶道が文化というよりファッションに近かった時代。武家、都会への憧れが混じり、お茶は松江の人々の羨望の対象だった。近年は外国から日本へ向けられる羨望がある。日本人の生活は世界へ広がり、だからこそ茶道は日本文化の根源として存在感を高める。

◇　◇　◇

東京都港区麻布のマンション内に、茶道武者小路千家の次期家元・千宗屋《せんそうおく》さんが主宰する茶室「重窓《ちょうそう》」がある。夕闇に浮かぶ東京タワー。２０１７年11月中旬、５人が稽古した。風炉《ふろ》から炉に替わる時季で、炉開きのぜんざいも出た。

武者小路千家は、４５０年前の茶聖・千利休を初代に宗屋さんで15代となる。この間、茶道は国際化。宗屋さんは２００８年から1年間、ニューヨークを拠点に全米各地やヨーロッパで講演、デモンストレーション、お茶会を開いた。

外国人の茶道への関心の高さを感じる一方、各地の日本人の祖国に対する熱い思いも心に響いた。外国で暮らすが故に彼らは自分に問う。「私は何者か」

外国社会で日本人が日本文化を知らないのは恥なのだという。必然的に日本人の感性が凝縮された茶道へ関心が向く。そこには日本の四季折々の暮らしに根差した英知が詰まっている。

外国での茶道は難しい。炭、和菓子は入手困難で、茶席に適した花も少ない。洋菓子や洋花を代用しての活動だった。宗屋さんが20年前に活動を始めた東京も、近年は改善されたが当初の環境は不十分だった。

「東京や外国で痛感したが京都や松江は恵まれている。手間が何十分の一で済む」と話す。茶道が身近にある。だからこそ茶どころの人々に伝わりにくい「豊かさ」がもどかしい。

◇　◇　◇

かつてと異なる点がもう一つある。圧倒的な個の力の不在だ。不昧のお茶を支えたのは藩主の権力と財力でもあった。

東京タワーの見える茶室「重窓」で弟子を指導する千宗屋さん（左）。この日は炉開きで、ぜんざいを味わいながらの稽古となった＝東京都港区麻布永坂町

２０１８年は不昧没後２００年で記念行事がある。宗屋さんは茶道と観光などの産業振興が結び付くのは否定しない。ただ「市民レベルのお茶を持って出て情報発信するように見える。それで通用するだろうか」と辛い。都会から地方へ伝わった歴史と逆のベクトルに対する疑問だ。

解決策はない。他の茶どころ京都、金沢は４００年超のお茶の歴史を持つ。松江は不昧を祖として２００年。断絶期間もあった。紡いだ伝統の差は重い。豊かな環境に安住せず謙虚にかみしめたい違いでもある。

千宗屋と武者小路千家　１９７５年、京都府出身。２００３年、表、裏と並ぶ茶道三千家の武者小路千家15代次期家元として「宗屋」を襲名した。現代の生活様式に合った新しい形のお茶を模索する。２００８年には文化庁の文化交流使としてニューヨークを拠点に活動。茶道具のほか日本美術史、古美術、現代アートまで造詣が深く、多方面の芸術家との交流も積極的に行っている。松平不昧と武者小路千家は、不昧が初代木津《きづ》宗詮《そうせん》を厚遇し武者小路千家に茶道を習いに行かせるなど接点がある。宗詮は江戸後期を代表する茶人となった。

気品と格調　後世に刻む

江戸時代後期、松江の商家には「隠れ茶室」が点在したという。松江藩はぜいたくだとして茶の湯、喫茶を再三、禁じた。それでも人々は一服を楽しんだ。

茶室への階段を目立たなくする。見た目は納戸を装う。障子を開けるとただの続き間だが、閉めると奥の間が茶室となる。隠し方に工夫を凝らした。

◇　◇　◇

松江藩が領民の喫茶を禁じるようになったのは、松平不昧の代からという。後に「大名茶人」と称される不昧だが、禁止令に抵抗はなかっただろう。むしろ率先して進めたかもしれない。庶民のお茶、特に茶の湯には懐疑的だった。

自身より２００年前を生きた茶聖・千利休のわび茶を理想とした。質素で静かなお茶。それゆえ、お茶文化が武家から庶民に広がる過程で、遊興化した江戸、京都の現状も知っていた。

不昧が認めなかったのは領民相互に茶を飲むことだったが、不昧以降はお茶はお茶でも薄茶が禁止となった。領民の暮らしは豊かになり、取り締まり内容もぜいたくになった。

隠れ茶室は領民の願望と、茶の湯ができる経済状況の表れ。情熱は次代へ引き継がれ、茶どころ・松江の礎となった。

◇　◇　◇

松江藩が統治した島根県東部では、人々が縁側で気軽に抹茶をたてて飲むと言われる。本格的な茶道とは別に、独自のお茶文化が発展したという意味での逸話だ。現実は他の飲料やペットボトルの普及、核家族化などで、こうした光景は少なくなっている。

まだ残っているのは農村部だろう。間に合わせのお菓子とともに、農作業の合間の午前10時、午後3時の抹茶があるにはある。ただ、安来市加納美術館の足立勝利顧問（安来市広瀬町下山佐）は「松江は上品、農村部は素朴という違いはあっても、かつては誰もが抹茶

近所の人が集まって茶話会が始まった。健康のこと、家族のこと、いつまでも話に花が咲いた＝安来市広瀬町下山佐

に親しんだ。今は飲む人も高齢化している」と現状を危ぶむ。

「茶どころ・松江」を示すデータは全国の県庁所在地、政令指定都市での1世帯当たりの緑茶の消費量が日本一、人口10万人当たりの和菓子店の数が日本一など。数字の上では頼りない。それでも茶どころたり得るのは、不昧がいた町だったからに尽きる。

不昧には茶道の普及という概念はなく、自身のお茶を追求した。後世、不昧を象徴としてお茶文化を育んだ松江市民には、永遠の憧れのような存在だった。

56歳で藩主を引退し、江戸・大崎の下屋敷で余生を送った。引退後も2度、国元・松江へ帰った。１８１８年の年明け前後、釜など茶道具４点を購入したのが最後の動静。それから４カ月後、68歳で死去した。「不昧公好み」の嗜好、生き方をも含めて漂う気品と格調は、後世を生きる人々の胸に刻まれた。

Column

次代に継承する不昧の心

藤岡　大拙（松江歴史館館長）

松平不昧（治郷）は明和四年（一七六七）十七歳で封を継いだ。父宗衍は幼少で藩主となったが、財政赤字に苦しみぬいた。少年のころから、治郷は父親や重臣たちの苦悩を十分知っていた。跡を継ぐのは火中の栗を拾うに等しかった。だが、治郷は世子《せいし》としての責務感を強く抱き、嵐に向かって敢然として進む覚悟ができていた。その精神的支えとなったのは、茶の湯と禅であった。

不昧が茶の湯を正式に学ぶのは、藩主になった翌年、石州流の半寸庵伊佐幸琢《こうたく》に入門したときからと言われているが、それ以前に、三斎流の荒井一掌にも学んでいた。従って若いころから、かなりなレベルに達していたに違いない。不昧が茶の湯に没入するのを見て、家老朝日丹波は、今の時局には藩政の改革が喫緊だとして、不昧を諫めたことがあった。これに対し不昧は二十歳のとき、「贅言《むだごと》」という論文を書いて朝日丹波に反論した。

「現在世間に行われている茶の湯は、茶室に曲がった床柱を用いたり、塩辛壺のようなものを茶入れにしたり、もとは何に使ったか分からないものを高価で買い求め、それで茶を点てて飲んでいる。こんな奇をてらう茶の湯を世間の者はあざ笑っている。

だが、私の茶の湯は全く違うのだ、利休居士の歌に、

　茶の湯とはただ湯をわかし茶を点てて
　　呑むばかりなり本を知るべし

とあるが、茶の湯は湯をわかして呑むだけだ。立派な茶室も道具も要らぬ。ただ大事なことは、本を知ること。本とは知足安分のことである。利休のわび茶の精神は、足るを知ることだ。」

若い不昧の茶道観には、純粋性と情熱がほとばしっていた。晩年、彼は「茶礎」という短い論文を書き、「茶の湯は稲葉に置ける朝露のごとく、枯野に咲けるなでしこのやうにありたく候」と言った。外は地味で内にきらめくもの、それこそわび茶の神髄である。青年のころの茶道観はいささかもぶれてはいなかった。

不昧が主張している知足とわび茶の精神こそ、次代に継承すべきものであろう。

不昧公と孤篷庵

小堀　亮敬（孤篷庵住職）

京都紫野大徳寺の塔頭の一つに小堀遠州によって創建された孤篷庵はある。

遠州公が最晩年にその集大成として造った寺であるが、寛政五（一七九三）年十一月一日、火災により主要な建造物が焼失してしまった。遠州公を崇拝した不昧公は、孤篷庵がなくなってしまうのを惜しみ、時の住職寰海和尚を援助して再建を計ったのである。

小堀家より孤篷庵に伝来していた長崎堅手茶碗を、五百両で買い取るなどして資金援助をした。その甲斐あって、孤篷庵は旧観に復することが出来たのである。

不昧公と孤篷庵との交流は六世肅巖和尚に始まり、七世寰海和尚、八世大鼎和尚に帰依し、禅学を深めたり、遠州公伝来の茶道具などにふれたりすることとなる。

父・宗衍公が禅宗に深く帰依された影響が多分にあったと思われるが、不昧公は「浄土は嫌だから」と遺言されたほどで、自ら孤篷庵境内に菩提所、大圓庵を創建され、ここに眠ることになるのだ。孤篷庵に遠州公と不昧公とが永眠されることは、そのままが孤篷庵の歴史となるのだ。

ご存知とは思うが、孤篷庵には国宝の「喜左衛門井戸」という大井戸茶碗が伝来しているが、ほとんどの方々は茶碗は不昧公が寄進されたと思ってはいらっしゃらないだろうか。実は不昧公は再々、夫人彰楽院より寄進するように勧められたにも関わらず、茶碗を手放すことはなかったのである。

この茶碗は大坂の商人・竹田喜左衛門が所持した事に由来する。その後、豊臣秀吉、古田織部、徳川家康、本多忠義、中村宗雪、塘九兵衛など転々として不昧公のもとに収まったのだが、所持すると腫れ物、高熱、不運にみまわれるという曰く因縁の茶碗なのだ。

不昧公も茶碗を所持したことにより腫れ物ができ、高熱にうなされたといわれる。しかも茶碗を受け継いだ子息斎恒公も腫れ物を病んだ為、文政五（一八二二）年に「喜左衛門井戸」は夫人により孤篷庵に寄進されたのである。

しかし、明治維新まで、松平家の許しなしに茶碗を蔵から出すことは出来なかった。

Column

孤篷庵には不昧公が仰臥のまま書いたと伝わる遺偈が残っている。

『喫茶喫飯　六十八年　末期一句　有伝無伝』

禅宗に帰依し、茶禅一味を実践した不昧公の最後の言葉である。

不昧公二百年遠忌を迎え、改めて不昧公の遺偈の中に込められた想いをよみ取ってみてはいかがだろう。

国宝「井戸茶碗　銘　喜左衛門」（大徳寺孤篷庵蔵）

不昧公の茶道研究とゆかりの茶道具

藤間　寛（島根県立美術館学芸専門官）

今ここに近年新出の『古今名物類聚《ここんめいぶつるいじゅう》』と『御茶器帳』（一般に『雲州蔵帳』という）と称する二つの書物がある。これは不昧が生涯心血を注いで大成した茶道研究と茶道具収集の精華であり、茶道史における不昧のゆるぎない位地を示すものである。

不昧が藩主になった時の松江藩の財政は、全国の諸藩と同様に困窮を極めていたが、藩政改革を断行し、公費の節約や殖産政策の成功により財政を立て直した。十八歳から正式に茶の湯を始めた不昧は、同時に禅学を学習し、茶禅一味を根本理念に茶道研究に励み、自らの茶道観による不昧流茶道を深めた。弱冠二十歳にして当時の遊芸化した茶道界を論じた『むだごと』では、道具茶を非難し、身分相応の「知足の茶」を唱える不昧であったが、やがて茶道具の収集に向かう。収集を始めたのは安永年代と見られ、安永三年（一七七四）二十四歳の時「伯庵茶碗」（中興名物）を五百両で買い、安永七年頃には「細川井戸」「喜左衛門井戸」などの大名物を、次いで三十三歳の時深川の豪商冬木家が持っていた「油屋肩衝」（宝物）を入手するなど名物茶器を矢継ぎ早に手に入れている。その後、田沼意次所持の茶器、姫路藩主酒井宗雅の収集品、さらに不昧の五女幾千姫（号・玉映）の嫁ぎ先堀田家（佐倉侯）所蔵の中興名物などの茶道具、家光時代に老中職にあり遠州の弟子であった土屋家伝来の道具類を手に入れている。

不昧の茶器研究の成果の一つが、寛政元年（一七八九）三十九歳から四十七歳にかけて出版された茶道名物記の『古今名物類聚』（十八冊）である。近世に入って次第に名物記や蔵帳などの道具帖が作られるようになるが、『古今名物類聚』ではそれまでに見ない九百八十点という多くの名物茶道具を分類し、名物裂も加えている。特に茶入はその姿を詳細に図示し、寸法や付属品などを詳細に記録に留め、実見やそれまでの記録の精査による実証主義の手法による点が他の名物記と違い評価される点である。特に小堀遠州が選定した茶道具を中興名物に位置付けてまとめたことも意義深い点である。しかしながら、不昧にしても古今の名物を実見することは容易でなかったようで、道具名と所蔵者のみの記載も多く、序文には主旨に賛同する人による協力を述べている。不昧の手元に長くあった同書には、出版後の所蔵者の移動が百か所にわたって書き込まれ、不昧の茶道具に対する探求心と収集癖を物語っている。

不昧が収蔵した道具は『御茶器帳』（新出の月照寺本および出

光美術館本）にあるように、宝物・大名物・中興名物・名物並・上之部に格付け、分類整理され、その他に中之部・下之部を加え収集品は九百二十余点を数える。その膨大な収集を可能にしたのは藩主であったことに加えて、当時一流の目利きであった三都

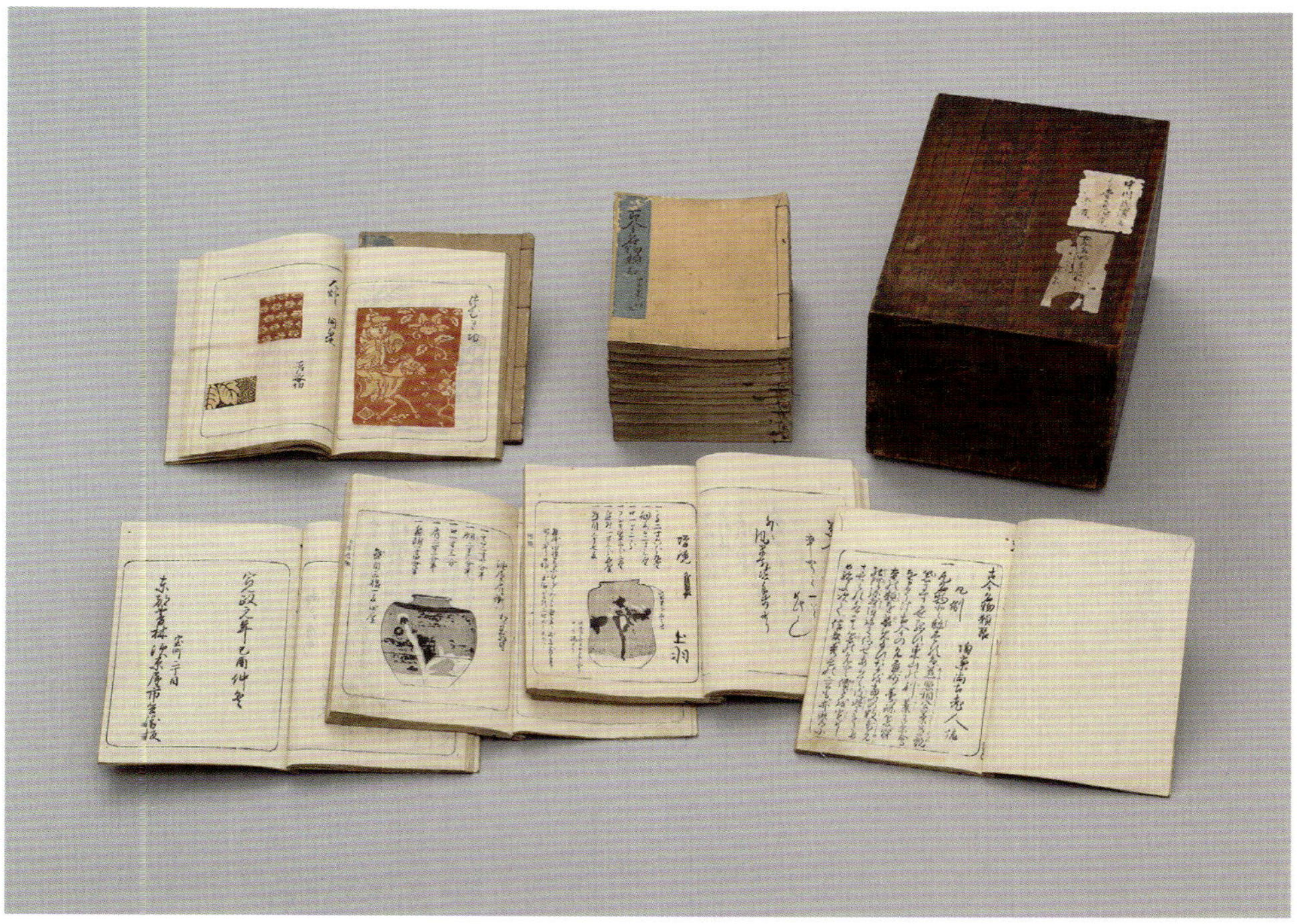

古今名物類聚（18 冊）松平不昧著（島根大学附属図書館蔵）

（江戸、京都、大坂）の一流の道具商や数寄者などを身近に置いて、彼らの情報や協力により、伝来・価値などを十分に見極めた上で集められた。道具商が記録した『雲州名物記』などの諸本では、例えば宝物の古瀬戸茶入銘「槍の鞘」は、伝来・購入年・購入先の京都の道具商名（加作ー京都の加賀屋作右衛門）に加え、購入金額が千六百五十両、位金という相場額が二千五百両と記してあり十分な検証の上で収集した跡が窺える。そうした状況下で不昧自身も道具を見る目利きとなっていった。

　また晩年に和漢の茶入について著した『瀬《せ》戸《と》陶《とう》器《き》濫《らん》觴《しょう》』（三巻）は、『古今名物類聚』の茶入の研究をさらにすすめた研究書で、「油屋肩衝」など不昧の茶道具収集に尽力した江戸の道具商・伏甚こと伏見屋甚右衛門（亀田宗振）に授けられた。その論説は現在では受け入れがたい点もあるが、当時の評価や不昧の研究の様子を示すものである。

　そして不昧の名器茶器に対する保護の姿勢も注目される。文化八年（一八一一）不昧は還暦を機に収集品を子斎恒（八代藩主）に譲る準備として、自筆の『道具帖』を作成し確実に継承するように指図している。それには『御茶器帳』と同様に宝物から上之部までの茶道具名五百十八点を箇条書きし、〈一の宝物「圜悟克勤墨跡」と「油屋肩衝」は天下の宝物で比類なきもの〉〈二の宝物「虚堂智愚墨跡」と「槍の鞘」は天下の名物で格別大切にせよ〉と述べ、すべての品は孫々まで伝え一種も他へ出してはいけないと申し伝えている。そして虫干しなど保存・保護の手法をこと細

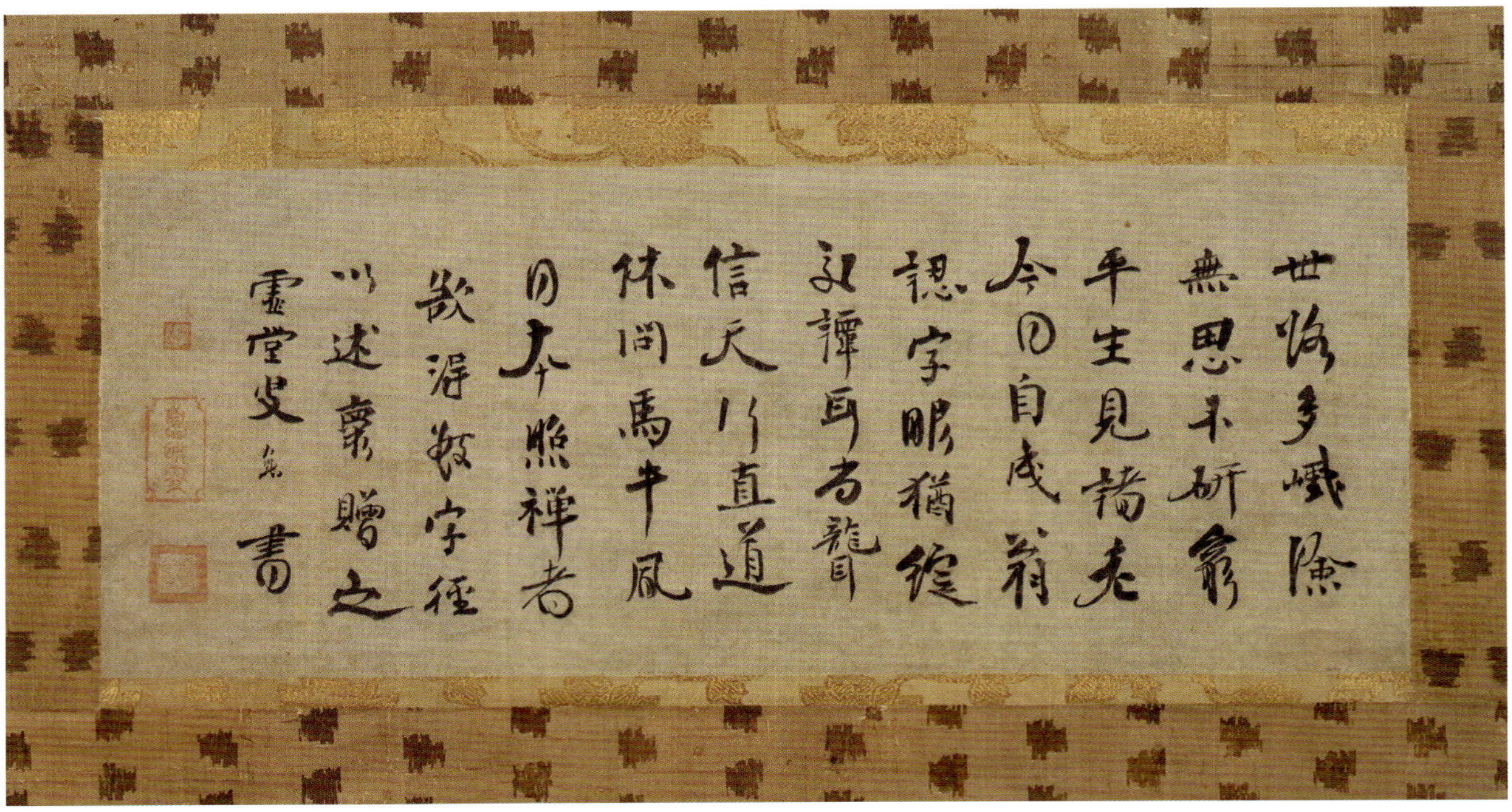

重要文化財　虚堂智愚墨蹟　法語　（東京国立博物館蔵）　南宋時代・13 世紀

かく指図し完全に護り伝えるよう指示している。不昧は特に上記の宝物四点は、「圜悟克勤墨跡」と「油屋肩衝」、「虚堂智愚墨跡」と「槍の鞘」の二点ずつを笈櫃に入れ、片道約二十四日余り掛かる参勤交代の際に道中を共にして座右に置いたと伝えられる。

不昧の収集家気質として見逃せないのは、保存・保護への気配で、蔵帳作品にあっては、状態により外箱は柾目の桐材で新調し自ら箱書きをし、好みの覆い紙、包み布などを作らせ使用している。不昧の茶道具収集は、大名や豪商の没落や災害で多くの茶道具が人の手に渡りやがて散逸していくのを惜しみ「天下の名物にして一人一家一国の宝にあらずと知るべし」という信念により行われ、その結果主要なものは散逸を免れて今日まで大切に受け継がれている。『御茶器帳』や『古今名物類聚』の詳細な記述は記録保存として重要性を生み、後の茶道名物記等の編纂に生かされている。こうした不昧の研究、収集、保存という一連の行為は、今日においても不昧旧蔵の茶道具が珍重されるゆえんである。

不昧は道具収集の一方で「お好みもの」といわれる数々の茶道具を制作している。茶の湯だけでなく書道や和歌、俳句など諸芸に秀でた不昧であり、そこには卓越した美意識による大名数寄の「綺麗さび」の心が認められる。この「お好みもの」の制作にあたっては、交流のあった幕府御用の狩野派の絵師や江戸琳派の酒井抱一等が図案の下絵を担当し、江戸一の蒔絵師として知られた原羊遊斎などをはじめ、国元出雲からは漆工の小島漆壺斎、陶芸では楽山焼の長岡住右衛門、布志名焼の土屋雲善、さらに木工の小林如泥などが参画し職人として育った。「お好みもの」は、一点制作の場合もあるが中には数物として制作され贈答用であったと見られる。その数は十二分野で約七十種にわたり、中でも最も多いのが棗や香合類の約四十種で、器形、意匠、技法もさまざまで不昧好みの多様な姿が窺える。

原羊遊斎は、当時江戸の蒔絵師で第一と言われた人で、その一つの「大菊棗」は「原羊遊斎下絵帖」（出光美術館蔵）の制作経緯によると、雲州蔵帳上之部の余三作「高台寺棗」の意匠を写して不昧が亡くなる直前の文化十四年（一八一七）に三十一個作られている。また国宝「片輪車蒔絵螺鈿手箱」の意匠も棗や香合に写すなど不昧所持の名物道具の写しは茶入や花入、釜にも作られた。その他、狩野伊川院の下絵による棗や香合、酒井抱一では不昧が好んだ瓢箪をデザインし、原羊遊斎が制作した「瓢箪蒔絵弁当箱」がある。畸人として知られる木工職人の小林如泥は不昧にお抱えとなった名工で、曲げものや轆轤細工、さらに浮彫透しなどさまざまな技術に習熟し、飾り棚や煙草盆などでは不昧の難しい注文を良くこなし、精巧な彫りは妙技と言われる。不昧は、「お好みもの」においても外箱、仕覆はもとより覆い紙や真田紐も好みでしつらえ、不昧好みと称される透徹した独自の美意識が示されている。その趣向はお菓子や料理などのお好みにも窺えるのである。

大菊棗　原羊遊斎作

文化三年（一八〇六）不昧は五十六歳で隠居し、家督を子斉恒に譲り品川大崎に広大な下屋敷を造営し、茶道具用の六棟の蔵をはじめ、千利休が秀吉から入手した長柄の橋杭を用いて造立した独楽庵（京都銀座方の豪商中村内蔵介などを経て不昧に収まる）など十一棟の茶室を設けて悠々自適に過ごした。また、小堀遠州を慕う不昧は、寛政五年（一七九三）冬に大徳寺孤篷庵が火災によって焼失したため、近衛家とその復旧、再建のために資金を提供し孤篷庵七世の寰海和尚とともに尽力する。焼失した遠州の名席「忘筌」（現在、重文）を再建し、あわせて境内に自らの廟舎「大圓庵」と付属の茶室、寿像碑を建て、茶の湯ゆかりの大徳寺に足跡を印している。文政元年（一八一八）四月二十四日、不昧は、大崎の屋敷において六十八歳の生涯を閉じる。孤篷庵には不昧「遺偈」や遺愛の品とともに、不昧没後に正室の彰楽院が寄進した大名物の「喜左衛門井戸茶碗」が納められている。

不昧公の茶室

和田　嘉宥（米子工業高等専門学校名誉教授）

利休の妙喜庵待庵

妙喜庵待庵（京都府）は、天正十年（一五八二）に秀吉が千利休に作らせたと伝わる草庵風茶室最古の遺構である。この二畳隅炉室床の茶室は亭主と客との膝が触れ合うほどの狭さであるが、その中に床・炉・躙口《にじりぐち》・下地窓・掛込み天井などがたくみに配されている。

躙口から入って床に向かって座すと、これら茶室の構成要素に体全体が包み込まれ、利休の追求した茶の湯の張りつめた空間に思いをはせることができる。

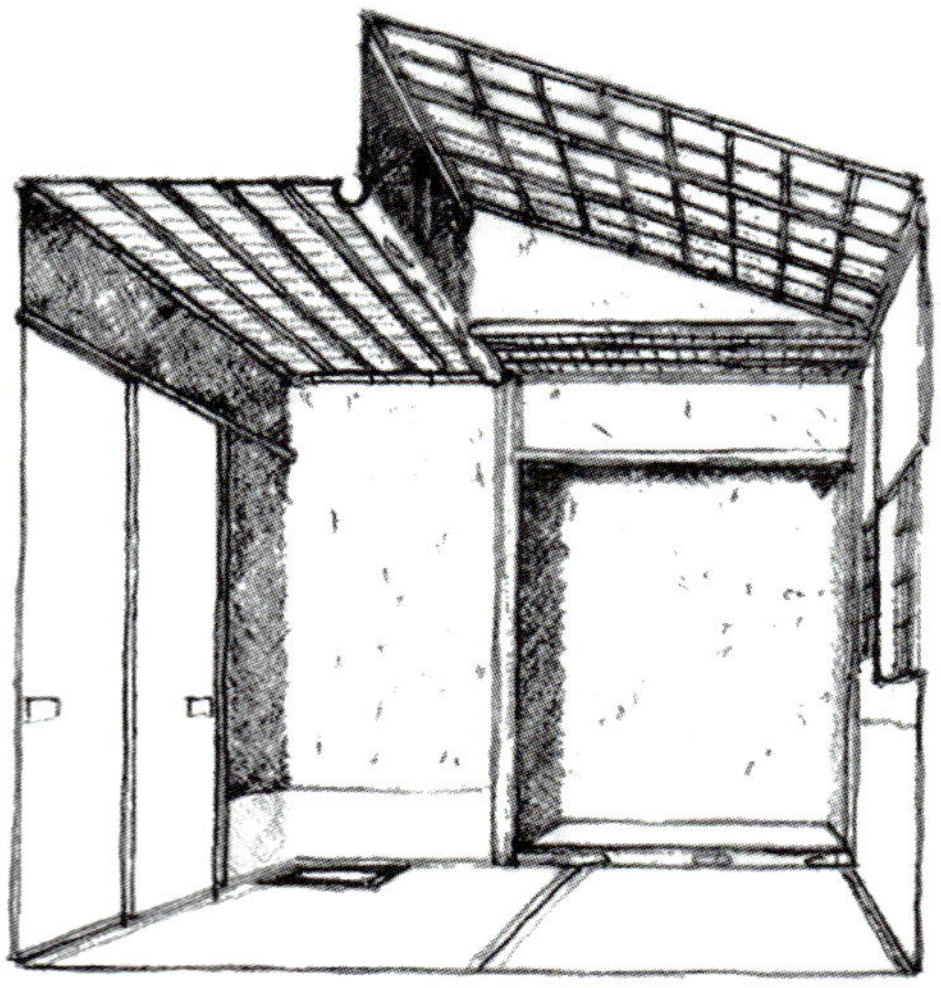
待庵内部（筆者作図）

この待庵は、江戸時代を通して各地に倣って建てられ、その起し絵図が作られ、また寸法がとられたりした。茶の湯をこころざす人々にとって草庵風茶室の規範となる茶室であったし、今もその価値は不変である。

『大圓庵会記』に見る不昧の茶室

さて、江戸時代後期に生きた不昧は「利休以来の茶の集大成者であり、同時に近代の数寄者の茶の祖ともいうべき茶の実践者」としても知られているが、隠居するにあたって大崎園を開き、そこに十一あまりの茶室を営んだ。

不昧が大崎園に営んだ茶室については、「大崎御屋敷分間惣御絵図面」（松江歴史館蔵）や「大崎名園の記」（『松平不昧傳』所収）などを通して知ることができるが、実に多様で変化に富み、「東都一の茶苑」と謳われたその理由もよく分かる。

では、隠居した不昧が、実際にどのような茶室を好んで用いていたのか。不昧の茶会記を通して見てみると、その実態が浮かび上がってくる。

不昧の茶会については『不昧公御一代茶会記』（島根県立図書館蔵）、『大圓庵大崎御茶會誌』（個人蔵）、『大圓菴様御一代御茶事記』（個人蔵）などが知られている。これらは文化三年（一八〇六）から同十四年（一八一七）まで、隠居した不昧が催した茶会についてその内容を記されているが、記載内容はほぼ同じである。

正面左手の茅葺が独楽庵、右手手前の入母屋が幽月軒。この右手に不昧の「御居間」がある。
（「雲州不昧公大崎別業真景」より、国立国会図書館所蔵）

ここでは不昧に仕えていた茶道方・根土宗静が書き記した『大圓庵会記』（慶応義塾図書館蔵。表紙には左上部に『大圓庵会記』と記されて、右辺の上下に「箒庵文庫」、「大正名器鑑編纂所」の印が押されている。見開き、茶会記録の冒頭に「不昧侯茶事道具付　宗静茶記写」とあり、「（文化三年）寅十二月三日正午　独楽庵ニ而」が最初の茶会として記されている）によって不昧が好んで用いた小間の茶室を記すことにする。

『大圓庵会記』には五十九回の茶会について年月日、茶事の内容、席名、掛軸はじめ道具類、会席内容などが列記されているが、使用された茶室は独楽庵が最も多く二十二回、続いて船越の十七回、それ以外では清水（妙喜庵）五回、幽月軒四回（御常什三回を含む）、御在所妙喜庵二回、大円庵二回、三畳台目三回、四畳半一回、その他三回である。

『大圓庵会記』を通して不昧の茶室を見る限り、大崎園では独楽庵がもっとも多く使用されている。そして船越は独楽庵にある茶席であり、三畳台目も独楽庵にある泰叟好みの席と思われる。この他、大崎園内では清水の御茶屋（『大圓庵会記』には「清水妙喜庵」ともある）と幽月軒、大崎園以外では大徳寺弧篷庵の大圓庵であり、松江城内では御花畑に営まれた妙喜庵（『大圓庵会記』には「御在所妙喜庵」とある）であることが確認できる。

不昧が好んだ小間の茶室

五つの茶室は、いずれも二畳ないし一畳大目と小間の茶室である。これらの茶室の特色を記してみよう。

独楽庵　利休が秀吉に請い入手した長柄の橋杭三本を得て、これを柱として宇治田原に造立したと伝わる席である。後に尾形光琳が銀座内蔵介に勧めて京に移したが、年を経て荒廃し、大坂の阿波屋の所持するところとなった。荒れるままになっていたこの茶室を、不昧は文化初年に入手し、大碕園の不昧の住い（御居間）の近くに建てる。建物全体は、この二畳の席に舟越伊予好みの三畳台目と泰叟好みの三畳台目向板（四畳）を合わせ持つ。独楽庵は、不昧の御居間からは敷瓦伝いに会席所を介してつながっていた。大崎園の数多くの茶室の中では不昧がもっとも重用した茶室で、近火の際には、なめし革でおおって保護したと伝わる。

清水の御茶屋　「閑雲の席」とも称される。茶席は二畳隅炉、床は室床《むろどこ》と、その間取りは妙喜庵待庵と同じで、『大圓庵会記』の文化三年には「同九月十七日　名残　清水妙喜庵ニて」と記されているところから、妙喜庵待庵にならって営まれた茶室であることが分かる。「大崎名園の記」（『松平不昧傳』所収）には「閑雲の御茶屋は、不昧公の御好みの内に、是のみ御心に叶ひたるとなん。げに清水の流を水屋にて汲み取るやうの作り方にして、寔にて清浄かつは風流にて、何とも云はん方なし」と記されている。次の間の流しの下には清水が流れ、これを釣瓶で汲み上げていたことも分かる。

清水の御茶屋（「雲州不昧公大崎別業真景」より、国立国会図書館所蔵）

幽月軒　『雲州不昧公大崎別業図』（国立国会図書館図）から独楽庵とは矩折《かねお》りにつながっている茶室であることが分かる。この建物配置と同じ図が実は「大崎御屋敷明屋敷住居絵図」（個人蔵）にも描かれている。それには「御常什」と記されているが、その平面形は『茶道宝鏡』（国会図書館蔵）に描かれている「幽月軒」

と同じである。茶室は一畳大目向切り、客座上は掛け込み天井で、点前座の左には洞庫《どうこ》もある。茶道口前の一畳にも隅炉が切られているなど亭主の使い勝手に重きがおかれている茶室であることが分かる。

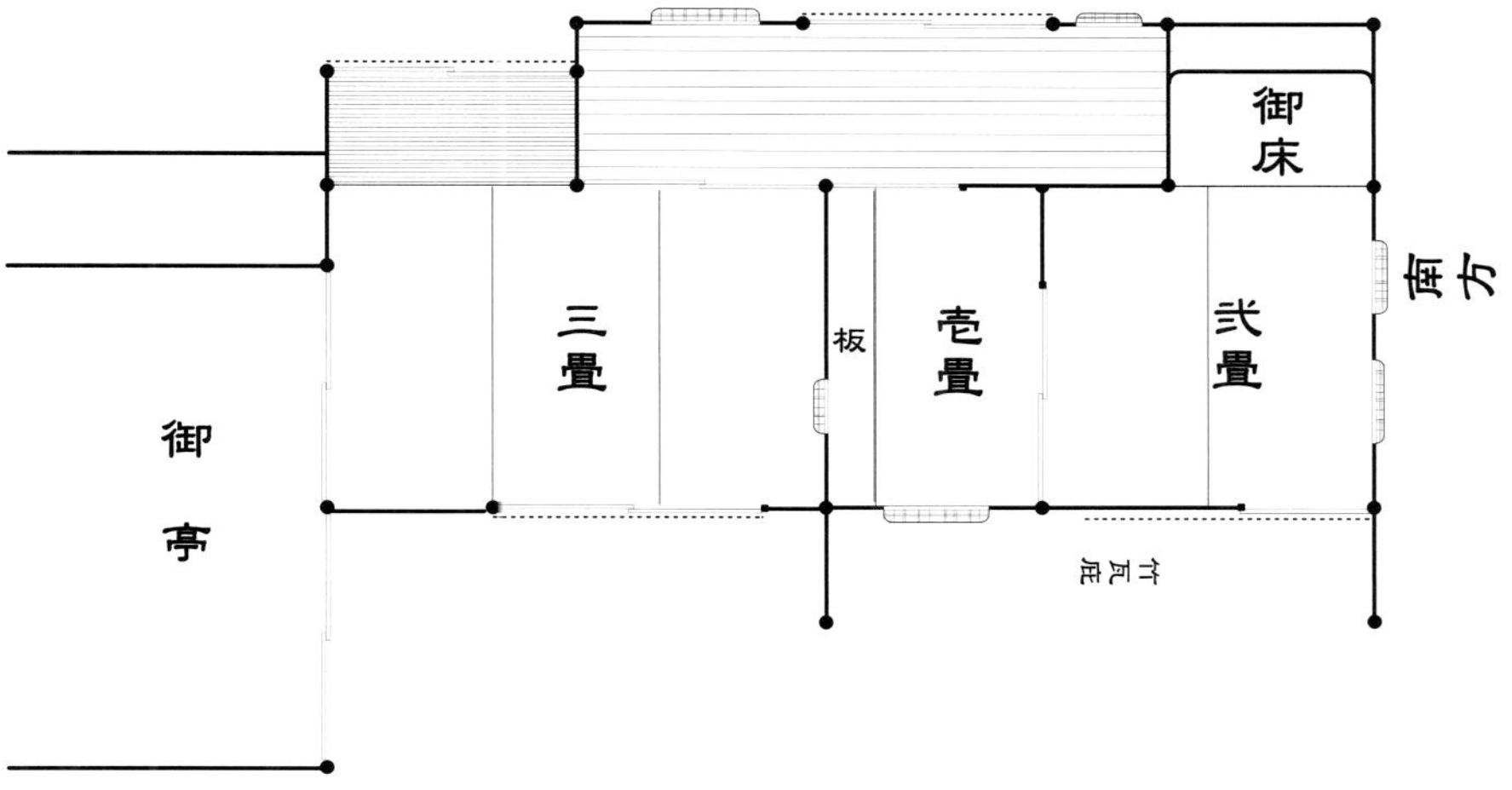

妙喜庵平面図（筆者作図）

この茶室は『大圓庵会記』より文化十年十一月二十九日に席披きされているのが分かるが、不昧は晩年になって御居間に隣接する茶室として使い勝手がよいこの幽月軒を営んだのである。

妙喜庵　隠居した不昧は文化五年と同十四年と二度、湯治のために松江に帰っているが、『大圓庵会記』にはこの帰国に際して催した茶会記録が二回記されている。いずれも「御在所妙喜庵」とある。この茶室は現存する「妙喜庵図」（島根県立図書館蔵）から山崎の妙喜庵待庵と同じ二畳隅炉室床であることが分かる。また、この「妙喜庵図」とともに建替えに関わる綴《つづり》「御花畑之内南御亭所替妙喜庵御待合共御建直積」も現存している。このことから、この「御在所妙喜庵」が松江城内の御花畑内の南辺に営まれていたことも確認できる。この現存する綴や図面には、この茶室の修繕にあたって江戸大崎の古材や奥出雲岩屋寺の竹などを使用する等、材料の使い方についても詳細に記されている。綴や図面によって妙喜庵の復元も可能と思われる。

大圓庵　不昧が文化十四年に大徳寺の塔頭孤篷庵に建てた茶室である。小堀遠州が自身の菩提所として開いた孤篷庵は寛政五年（一七九三）二月の火災で焼失するが、時を経ずして不昧が再興を図り、創建当時の姿に忠実に復元されることになった。そして、不昧は自身、歿後の仏事を托す場所として、孤篷庵にあった禅徳庵を大圓庵と改め、文化九年に工を起し、寿塔と牌堂、そして茶室を営むことにしたのである。

『大圓庵会記』には「文化十四年年丁巳正月廿七日大円庵御開茶」

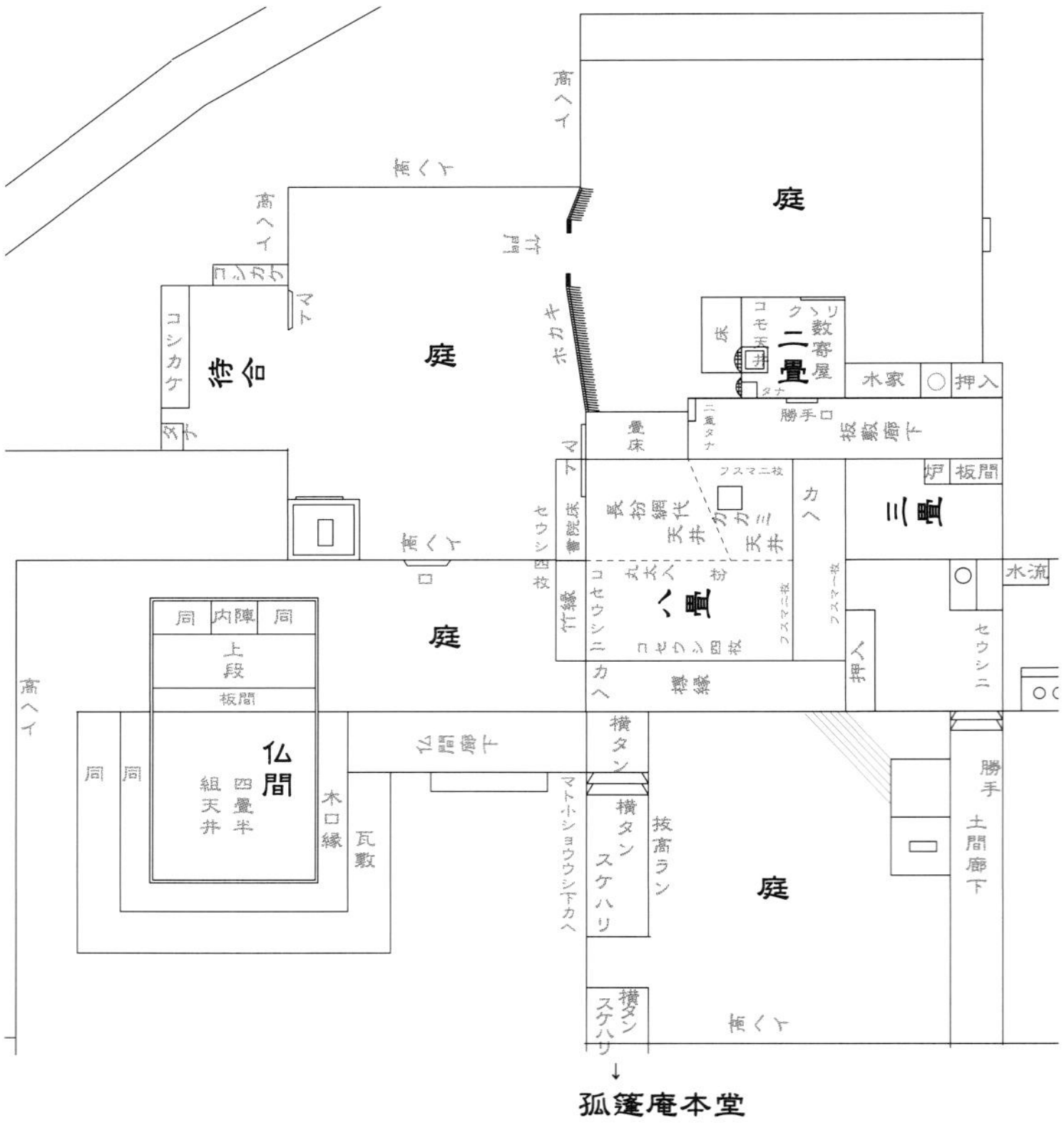

大圓庵平面図（筆者作図）

とあるが、茶室と露地は寿塔と牌堂とともに同十四年に完成している。不昧は松江から大崎に帰る途中で孤篷庵に立ち寄り、新しくできた二畳の茶室で、寰海和尚（大圓庵初代庵主）を主客に秘蔵の雪舟東陽筆「一円相図」を掛けて席披きをして大崎に帰り、翌年四月二十四日に亡くなっているから、不昧最晩年の茶室である。

その後、大圓庵は嘉永五年四月二十三日の火災で、牌堂や茶室は焼失する。同七年、旧に倣って牌堂は再建された。松江藩御作事所が記した文書から茶室の再建も許されたことが確認できるが実現には至らなかった。

「利休に帰る」ことを本意としていた不昧

五つの茶室はいずれも二畳ないし一畳台目である。独楽庵は利休ゆかりの茶室であり、清水の御茶屋と御在所妙喜庵は待庵の写してみなしてよい。

不昧が十七歳で著した『贅言《むだごと》』には「珠光以後、武野紹鷗、四畳半の坐に袋棚といふ棚を飾り、大いに略して点茶す。それよりして紹鷗、利休相談にて草庵侘びの茶湯を作り、専ら禅林の清観に本づき、白露地の本号を定む、これ茶の湯の根本なり」と記されているが、不昧は若くして利休が完成した茶の湯（侘び茶）を理想とした。晩年になっても利休の茶の湯を追い求める姿勢は変らず、『茶事覚書』にも「茶の湯とは只湯をわかし茶を立てゝ呑むばかりなる本を知るべし」と利休の歌を添えている。

不昧が茶の湯に求めた本意は、その生涯を通して「利休に帰る」ことだったことが窺える。

「利休に帰る」ことを茶の湯の本意とする不昧のその姿勢は、不昧が囲《かこい》（茶室）を指図するにあたっても変らなかったのである。

「今に生きる不昧」の茶室

ところで、現存する不昧の茶室としては菅田庵と明々庵が著名である。

明々庵は安永八年（一七七九）年に殿町の有澤本邸に不昧が指図して建てられた二畳台目である。この有澤本邸に営まれた明々庵は明治以後点々としていたが、昭和四十一年（一九六六）の「不昧公百五十年祭」に際して赤山に移築され今に至っている。茅葺入母屋造の佇まいは有澤本邸にあった当時と変らない。二畳台目は中柱を立てず、床も一尺六寸余と浅く、若い不昧の一面があらわれている。

菅田庵は寛政四年（一七九二）ごろ菅田村にある有澤家の山屋敷に建てられた一畳台目中板である。床は落掛を付けない洞床《ほらどこ》で、奥に墨蹟窓を開けている。また炉は中板に設けず、隅炉になっている。その一方、一重棚は中柱に添えて吊られている。なお、躙口上は壁いっぱいを連子窓とし、開放的で明るい空間となっている。床と向きあう南の壁には円窓をあけ、瀟洒な感覚も伺える。

これら二つの茶室には若い不昧の一面がみられるが、いずれも小間である。不昧が利休にならおうとして指図した茶室と見なしてよいだろう。

また、不昧ゆかりの独楽庵は出雲文化伝承館に復元されて四半世紀となり、出雲の地にすっかり馴染んでいる。そして、不昧最晩年の大圓庵は、この度、大徳寺孤篷庵に古図に即して百五十年ぶりに再興された。

これからは、「利休に帰る」ことを追い求めていた不昧の茶室、それも究極の小間の茶室が京都、松江そして出雲に存在することになる。「今に生きる不昧」の茶室である。

出雲文化伝承館に復元された独楽庵

松江藩政と不昧公の財政改革

乾　隆明（松江市史編纂委員）

父・宗衍《むねのぶ》の仕事「御趣向《ごしゅこう》の改革」

「松江藩は表高十八万石だったが、実高はその倍といってよく、従って藩の財政が豊かで、附近の諸藩に比べて年貢が安く、農民は楽だった」。松江藩の足軽の孫娘に当たる山川菊栄《やまかわきくえ》は親族である竹矢村の庄屋・小川卯太郎の証言を著書『覚書 幕末の水戸藩』にこう記している。

しかし、松江藩は初めから豊かな藩ではなかった。財政のやりくりがどうにもつかなくなったのは不昧の父・宗衍の時代。宗衍は享保十六年（一七三一）、わずか三歳で藩主となったが、翌年の「享保の大飢饉」が決定的な打撃となる。『寛永十五年以来成稼高書出帳』によれば、この年はウンカの異常発生による凶作で、西日本一帯が大被害となり、本来三十万俵以上あがるべき年貢が十三万俵まで激減している。

家中は給与の半減支給が常態化し、農民は年貢の負担に苦しんだ。江戸で育った宗衍は帰国の旅費もなく、年貢先納と豪農商からの拠出金で、十七歳の時にやっと初入国が叶った。宗衍はすぐさま杵築大社に参詣、「わが国は不熟の地に候や、但しはまた治め方悪しきゆえや。代々藩主・領民は困窮つかまつり候」と神前で悲痛な心境を述べ、今後の財政再建への加護を願った。

貧乏はもう御免《ごめん》――、そう強く願った宗衍は親政を開始すると、出来不出来に左右される米に頼り切る財務体質を脱却し、商品貨幣経済に対応するために、改革派の小田切尚足《おだぎりひさたり》のもとに理財能力に長けた中・下士層を集め、「趣向方《しゅこうかた》」というグループを作らせた。「趣向」とは「企画」「アイディア」というような意味合いで、彼らに大胆な新規政策を提案させて次々と実行に移した。これを「御趣向の改革」という。

四十数項目に及ぶ政策は、大きく三つに分けることができる。第一は当面の赤字を埋めるための資金調達策。すでに地元の商人たちは藩に見切りをつけ、出資を渋っていたので、大坂など外地の豪商から巨額の資金を借りることにした。これを元手に藩営銀行「泉府方《せんぷかた》」の設立、藩札《はんさつ》の発行、年貢の長期一括先納の促進などを行った。

第二は、かき集めた資金を資本に転化し、新たな産業を興し、将来の財政基盤の確立を目指す専売政策。最初に設立した役所「木苗方《きなえかた》」では薬用人参、木綿、煙草、ハゼ（ロウソクの原料）

など商品作物の研究普及を行った。これらの産業は、後の時代の藩財政を大きく支えることになる。「世間が夢にも知らぬ大金を稼ぐ」といわれた薬用人参の「人参方」、ハゼの実を搾って作ったロウソクの原料を大量に大坂へ出荷して巨万の富を生み出した「木実方《きのみかた》」、これらのセクションの原点こそが「木苗方」であった。

また、全国の総需要のほとんどをまかなっていたタタラ製鉄の生産流通を管理した「鉄方」を設立。その鉄で鍋釜を作る「鍋座」は、後に大規模な鋳物を製造販売する「釜甑方《ふそうかた》」へと発展する。つまり、一次産業にとどまらず二次産業までおさえたのだ。「釜甑方」はさらに進化し、不昧の指導で茶釜をはじめとする美術工芸品、幕末には大砲を鋳造するに至る。

第三は、藩校「文明館」の設置に代表される文教政策。宗衍は高名な儒者・桃白鹿《ももはくろく》を松江に呼び寄せ、初代教授に据えた。諸派の長所を取り込んで実践を重視する桃の講座では、次期の藩政改革の責任者となる朝日郷保《あさひさとやす》らを中心に政策執行者の勉強会が精力的に行われた。後年、朝日は「自分が取り組んだ改革は、桃の講座の成果」と述懐し、膨大な数の書籍を藩校に寄贈した。

一方、江戸屋敷には日本経世学の祖・荻生徂徠《おぎゅうそらい》門下の宇佐美《うさみ》灊水《しんすい》を招いた。宗衍自身のブレーンとするだけでなく、次期藩主・不昧の教育をも任せた。徂徠晩年の忠実な弟子であった宇佐美は、師の著作を松江藩の費用で次々と出版したが、その共同編集者こそが高名な経世家・太宰春台《だざいしゅんだい》である。太宰は「殖産興業・国産奨励」を合言葉に、地域の風土に合った特産品を作り、藩の専売にして石高以外の財貨を稼ぐ経済政策を提唱したが、松江藩はその理論を着々と実行した。

しかし、将来を見据えた事業の数々は十年足らずで挫折した。大赤字にもかかわらず投資を続けたことにより、深刻な債務超過に陥り、金融不安が増大したのだ。しかも運の悪いことに大災害や凶作が頻発。その上、幕府から公共事業（延暦寺の修復工事）を命じられたために、巨額の資金を拠出せざるをえなくなり、ついに小田切尚足は引責辞任する。

藩財政は前代未聞の窮乏となり、もはや一両の金を貸す人もおらず「雲州松平家は破産」と噂され、「天隆院様（宗衍）は毎日ご落涙」と江戸家老が御国家老へ書状で訴えるという有様であった。

明和四年（一七六七）、宗衍は三十六歳の若さで隠居。藩の立て直しを十七歳の息子・治郷《はるさと》（不昧）と、自身に隠居を勧めた老臣・朝日郷保に託した。殿様の隠居が最初にして最大のリストラであった。

息子・不昧の仕事「御立派《おたては》の改革」

徹底的なリストラと産業振興を軸に据え、貧乏藩を富裕藩に変貌させた二人の「御立派の改革」とはどのようなものであったのだろうか。

最初に手を付けたのは、支出の六割近くを占めていた江戸屋敷での経費であった。藩主一族の説得や経費節減には、赤木内蔵、

『出入捷覧』に見る松江藩の会計状況

（安澤秀一氏による「出入捷覧収支グラフ」と「公役・天災年表」等を参照して乾作図）

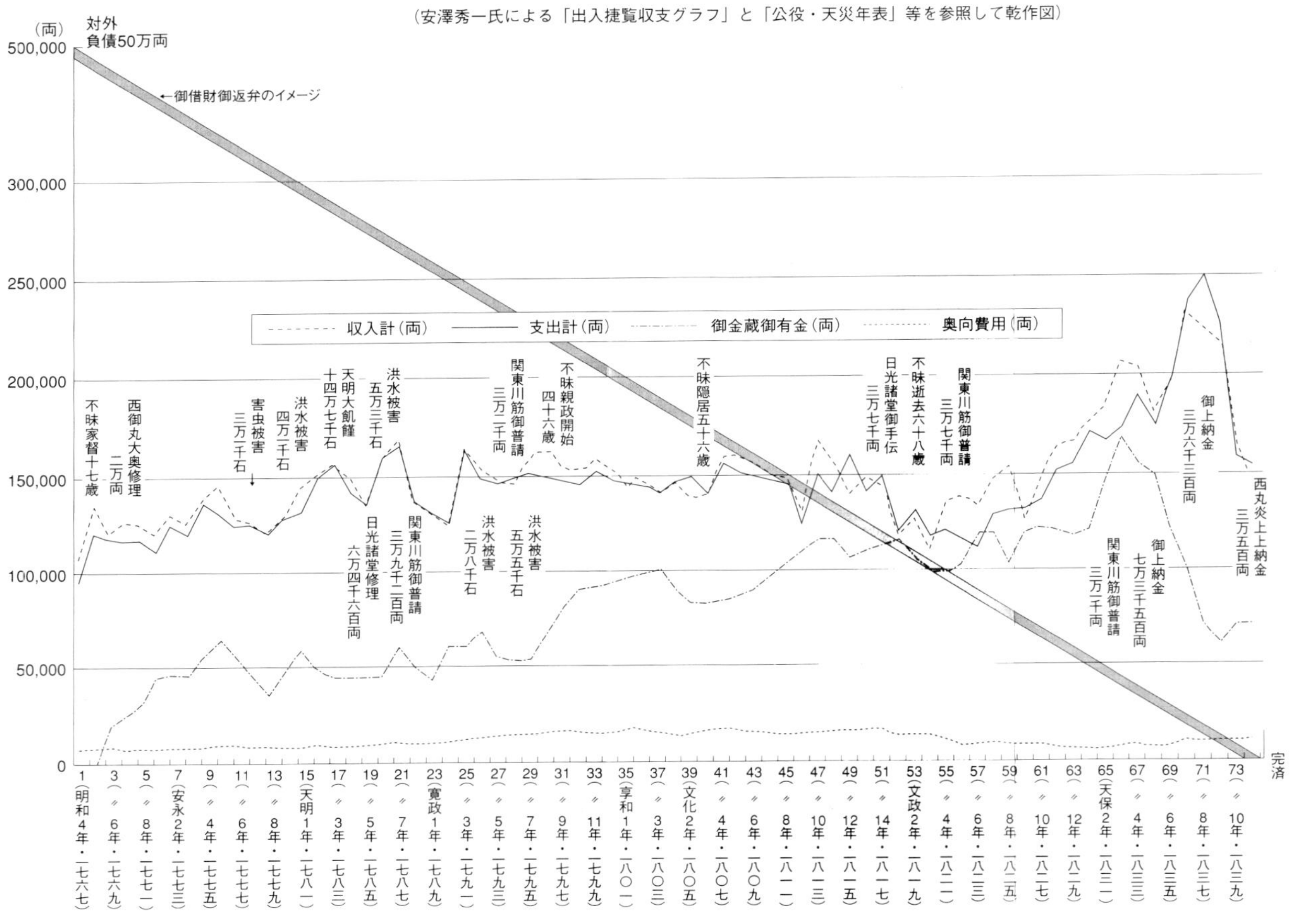

脇坂十郎兵衛の努力があった。江戸では二人を松江藩邸の赤鬼、青鬼と畏怖して協力し、江戸御入用の大幅削減を実行、なんとかこれを三割台まで押さえ込むことに成功した。次に国許では、番《ばん》頭《がしら》・物頭《ものがしら》など指揮官級の大幅削減、大勢いた奉行職と役所の整理・統廃合、不採算の藩営事業の切捨てを断行。これによって約千人もの武士が失職したという。ただし、武家の収入は家につけられた石高と役職につくお役料の二階建てであるから、失職は「お家断絶」ではなく「お役料削減」である。

また、富裕層に偏在した富の再分配を企てた不昧と朝日は、国内の個人・法人の間に結ばれた債権・債務関係を明和四年九月以降すべて無効にするという、現代ではにわかに信じられぬ凄まじい内容の「闕年《けつねん》」という法令を出した。これによって藩財政は巨額な国内債務がなくなり、様々な既得権益が雲散霧消。領内の豪農商たち富裕層は甚大な被害を受けたが、改革の施行が武力を背景に粛々と進められたためか、暴動などは起きなかった。「金持ちは喧嘩《けんか》せず」という言い草もある。

次いで朝日は、前改革の時に大坂の商人らから借り入れた約五十万両の返済交渉を開始する。一両＝現在の貨幣価値で三十万円という磯田道史氏方式で換算すると、およそ千五百億円である。朝日は「利子は払えないが、元金は七十年を掛けて分割返済する。その代わり年貢米の取り扱い特権を付与する」という条件を提示し、負債削減の道筋を立てた。松江藩は宗衍が隠居した明和四年から毎年数千両ずつ「御借財御返弁」の項目をあげて、実に

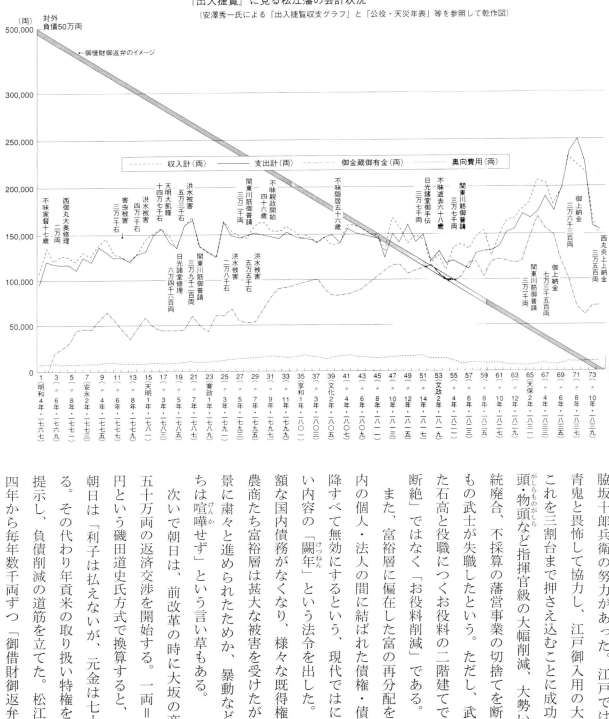

七十四年を掛けて完済したのである。

このように藩主・家臣・富裕層・庶民が多大な犠牲を払うことで、ついに難局を乗り切った松江藩は、天明二年（一七八二）から数年間続いた「天明の大飢饉」も凌いで、数万両もの剰余金を積み上げることに成功した。

この「天明の大飢饉」では、浜田藩が死者二千人を出したのを始め、東国諸藩では万人単位の餓死者を出しているが、松江藩では「貧民御救米・飢扶持」などの名目で米を支出し、一人の餓死者も出さなかった。一応の財政再建が出来た時だったからこその処置で、御立派の改革で得た資金が人命を救った事になる。

徹底した緊縮政策が功を奏したのを見た不昧と朝日は、次の段階に移る。経済の拡大である。宗衍時代の「御趣向の改革」で生まれた有望な産業を保護育成して専売制に組み込み、斐伊川の川違えや佐太川の開削などの河川改修を行い、主要河川に川方役所を置いて船荷の管理をし、御手船（藩有の船）の建造など運輸交通体系を整備することで商品流通の利便性を高めた。財政を拡大路線に切り替えて、先代・宗衍が目指した商品経済の振興を成功させたのである。

寛政八年（一七九六）、不昧は親政を開始する。改革を始めて約三十年が経ち、緊張が緩み始めた現状の再度引き締めが目的であった。

この背景には、緊縮財政に偏重した松平定信の「寛政の改革」の頓挫があった。不昧の基本的な政治姿勢は、民間活力を利用して産業振興を図る田沼意次《たぬまおきつぐ》の積極財政に近いもので、自ら「貨殖理財につとめよ（お金儲けをせよ）」とも述べている。

不昧がじきじきに政務をとりだした年は、定信が幕政の第一線を退いて三年後のことであり、以降、五十六歳で隠居するまでの十年間、産業振興を基本にした政策をさらに推し進める。それを補佐した朝日郷保の子・保定は後に「健全な財政を作り上げることができたので当面は安心だ。会計年度ごとに、タケノコが生長するように雲州が成り立つようになり、ありがたい」という内容の手紙を同役に送り、喜んでいる。

ところで、「不昧は茶道具に大金をつぎこんで財政を圧迫させた」などという俗論がまことしやかに伝えられているが、これは根拠のない憶測である。不昧が購入した茶道具の代金は「奥向費用」の中の「御手許金」という項目から出ている。それは殿様のプライベートに使う、純然たるお小遣いである。不昧の時代、奥向費用は年貢収入の7～10パーセントを推移しているが、この比率は他藩と比較してもそれほど大きな金額ではない。不作や天災、城や石垣の修理、幕府から大工事を命ぜられた年には、「御手許金」は半額かそれ以下にされていることもある。

限られた収入の中で、あれだけのコレクションを築くことができた背景には、優れた情報収集力や交渉力など並外れた商才・卓越した経済観念があったに違いない。

参考文献　『松江藩の財政危機を救え』松江市教育委員会
『松江藩出入捷覧』原書房

松平治郷（不昧）関連略年表

1751（宝暦元）年	治郷、江戸赤坂の藩邸に生まれる
1767（明和４）年	父宗衍隠退し、治郷が松江松平藩７代藩主となる。17歳 御立派の改革開始
1768（明和５）年	正式に石州流茶道を３世伊佐幸琢に学ぶ。18歳
1769（明和６）年	禅学を天真寺の大巓和尚に学ぶ。 藩主として初の出雲国入国。19歳
1770（明和７）年	茶道改革論「贅言《むだごと》」を記す。20歳
1771（明和８）年	大巓和尚から「不昧」の号を授かる。21歳
1779（安永８）年	家老有澤家に明々庵を建てる
1787（天明７）年	自著『古今名物類聚』の序を書く。37歳。1797年に完結
1794（寛政６）年	治郷の指図により菅田庵を建てる
1806（文化３）年	江戸大崎下屋敷へ隠居。剃髪して不昧を公称する。56歳
1811（文化８）年	『雲州蔵帳』を編集する。61歳
1818（文政元）年	江戸大崎で逝去。68歳

1868（明治元）年	戊辰戦争。～69年
1894（明治27）年	日清戦争。～95年
1904（明治37）年	日露戦争。～05年
1907（明治40）年	大正天皇（当時皇太子）が山陰行啓
1912（明治45）年	京都駅から出雲今市（現出雲市）駅まで鉄道が全通
1916（大正５）年	不昧没後100年忌。～17年

1966（昭和41）年	不昧没後150年忌。茶室・明々庵が松江で再建
1991（平成３）年	出雲文化伝承館に独楽庵復元
1999（平成11）年	「松江藩出入捷覧」出版
2018（平成30）年	不昧没後200年忌。松江市などで記念事業開催

〈取材・資料協力〉

新聞連載、本書刊行に際し、下記の関係機関・団体からご協力をいただきました。（順不同）

不昧公200年祭記念事業推進委員会
松江市産業観光部
松江歴史館
松江市史料編纂室
島根大学附属図書館
出雲文化伝承館
田部美術館
可部屋集成館
櫻井家
月照寺
法眼寺
明々庵
十方庵
菅谷たたら
日刀保たたら
原鹿江角家
中村茶舗
千茶荘
不昧流不昧会
不昧流大円会
不昧流研究会
武者小路千家
風流堂
布志名焼雲善窯
楽山窯
松本蕎麦店
護国寺
天真寺
慈光院
大徳寺孤篷庵
白雲洞茶苑
東京・レキシズル
国立国会図書館
東京国立博物館
五島美術館
野村美術館

◇執筆者（寄稿者・掲載順）

松平　直壽（序文）
雲州松平家第15代当主

松浦　正敬（序文）
不昧公200年祭記念事業推進委員会会長
松江市長

藤岡　大拙
松江歴史館館長
NPO法人出雲学研究所理事長

小堀　亮敬
大徳寺孤篷庵住職

藤間　寛
島根県立美術館学芸専門官
松江歴史館学芸専門監

和田　嘉宥
米子工業高等専門学校名誉教授
松江市文化財保護審議会委員

乾　隆明
松江市史編集委員
松江市文化財保護審議会委員

◇山陰中央新報社「今に生きる不昧」取材班

板垣　敏郎（文）

森山　郷雄（写真）

今に生きる不昧　～没後200年記念

発行日　2018年4月17日　第1刷
編者　山陰中央新報社
発行者　松尾　倫男
発行所　山陰中央新報社
〒690－8668　松江市殿町383
電話　0852－32－3420（出版部）
印刷所　㈱報光社
製本　日宝綜合製本㈱

ISBN978-4-87903-212-6 C0021 ￥1300E